第二语言句法分析机制研究

A Study on Second Language Parsing Mechanism

高海龙 著

中国社会科学出版社

图书在版编目(CIP)数据

第二语言句法分析机制研究／高海龙著 . —北京：中国社会科学出版社，2020.4

ISBN 978 – 7 – 5203 – 6240 – 5

Ⅰ.①第… Ⅱ.①高… Ⅲ.①第二语言—句法—研究 Ⅳ.①H003

中国版本图书馆 CIP 数据核字（2020）第 059489 号

出 版 人	赵剑英
责任编辑	张 湉
责任校对	姜志菊
责任印制	李寡寡

出　　版	中国社会科学出版社
社　　址	北京鼓楼西大街甲 158 号
邮　　编	100720
网　　址	http：//www.csspw.cn
发 行 部	010 – 84083685
门 市 部	010 – 84029450
经　　销	新华书店及其他书店
印　　刷	北京明恒达印务有限公司
装　　订	廊坊市广阳区广增装订厂
版　　次	2020 年 4 月第 1 版
印　　次	2020 年 4 月第 1 次印刷
开　　本	710×1000　1/16
印　　张	11
插　　页	2
字　　数	165 千字
定　　价	68.00 元

凡购买中国社会科学出版社图书，如有质量问题请与本社营销中心联系调换
电话：010 – 84083683
版权所有　侵权必究

前　　言

　　第二语言习得是一门年轻的学科，自创立到现在只有五十年左右的历史。第二语言习得的研究对象是第二语言习得的过程和本质，研究范围主要涵盖学习者语言、习得过程、学习者个体差异以及语言教学对第二语言习得的影响几个方面。近二十多年来，第二语言习得研究得到迅速发展，但该领域中的一个重要研究方向——第二语言学习者句子处理和句法分析机制的研究还相对不足。这一方面是由于第二语言习得研究者主要的兴趣点是对学习者使用第二语言的熟练程度的解释，以及第二语言学习过程和个体结果。另一方面，第二语言习得研究者的技术资源和方法专长的相对不足，使得第二语言句子处理研究多年来一直处于边缘状态。然而，第二语言习得理论既需要属性理论，也需要转换理论。有关第二语言学习者句法处理机制的理论则恰好可以弥补这一空白。

　　近十年来，我国学者对第二语言句子处理问题的兴趣越来越浓厚。他们从工作记忆、特殊结构、母语处理的干扰等不同的角度，通过不同的实验手段如自控步速阅读、事件相关电位等考察了我国英语学习者实时处理目标语语句的情况，分析了我国英语学习者句法分析机制的特点，并取得了不错的成绩。

　　第二语言句法处理研究滞后的状况在最近几年里出现了改观。不少第二语言习得研究者采用了心理语言学的研究手段，针

第二语言句法分析机制研究

对第二语言学习者处理目标语时所使用的机制进行了研究并取得了一定的进展。与母语处理不同，第二语言学习者虽能掌握相应的语法知识，但在理解目标语语言时无法及时调用这些知识，也无法形成深层语法表征，他们对目标语的理解主要依靠语义处理来完成。因此，第二语言学习者并不只存在语法习得的问题，同时也存在目标语言使用过程中运用这些语法知识的能力的问题。

第二语言学习者在阅读目标语时通过头脑中的句法分析机制将语言输入转化成语法表征。在实时的语言处理中进行句法分析时，如果第二语言学习者所采用的策略不是最佳策略，他们就不能像处理母语时那样构建合理的语法表征，也无法完全习得目标语的语法。因此，对第二语言句法分析机制的探讨和研究，能使研究者更深刻地理解第二语言学习者语言处理的本质，从而丰富第二语言习得理论并为第二语言习得研究提供新的视角。

目前国内对句法分析机制的研究虽然刚刚起步，但也取得了一定的成果。有的学者在理论层面对句法歧义结构和句法语缺结构进行了研究，还有研究者通过心理语言学实验对句法歧义结构和句法语缺结构加以论证。本书将首先对句法分析机制和句子处理的相关理论进行介绍，然后归纳总结现有研究对于第二语言学习者句法分析机制具体特点的探讨。

综观我国研究者所做的第二语言习得研究，学者们往往各自为政探讨自己所关心和喜欢的课题，而很少有归纳和整理第二语言句子处理的工作。更没有人依据现有国内学者的研究，归纳我国英语学习者句法分析机制的整体特点。

本书旨在从第二语言习得和心理语言学的宏观视角回顾和总结第二语言句子处理的相关理论模型，并将其同我国英语学习者句法分析机制的研究联系起来。本书为广大第二语言习得和第二语言处理的研究者提供了一个全面了解第二语言句子处理理论模型和实证研究的机会。

目　录

第一章　第二语言习得与句法分析机制研究 ……………（1）
　　第一节　第二语言习得研究与第二语言句法处理以及
　　　　　　句法分析机制 ……………………………………（2）
　　第二节　第一语言和第二语言的填充词—语缺
　　　　　　依赖结构的处理研究 ……………………………（5）
　　第三节　第二语言句法分析机制研究的重要意义 ………（7）

第二章　第一语言句子处理的相关理论 …………………（9）
　　第一节　心理语言学的概念及其与语言学的关系 ………（9）
　　第二节　语法同句法分析机制的关系 ……………………（11）
　　　　一　转换生成语法和复杂性衍生理论 ………………（12）
　　　　二　语法同句法分析机制的三种关系 ………………（16）
　　第三节　第一语言句子处理的理论模型 …………………（20）
　　　　一　基于原则的模型 …………………………………（22）
　　　　二　基于约束的模型 …………………………………（24）

第三章　填充词—语缺依赖结构的处理 …………………（26）
　　第一节　句法结构的移位以及相关理论 …………………（26）
　　　　一　转换生成语法的主要理论和观点 ………………（26）
　　　　二　句法移位理论的内容 ……………………………（30）

三 移位的种类……………………………………………（32）
　　四 移位过程的限制规则 ……………………………（34）
第二节 语迹和语缺 ………………………………………（36）
　　一 语迹 ……………………………………………（36）
　　二 "语缺"的句法概念 ……………………………（37）
第三节 "语缺"的概念在语法学上的心理现实性 ……（40）
第四节 语缺处理的理论模型 ……………………………（44）
　　一 Pritchett 的句法分析理论 ……………………（44）
　　二 主动填充假设 …………………………………（47）

第四章 第二语言句子处理相关理论 …………………（52）
第一节 第二语言句法处理与第二语言习得研究的
　　　　关系 ………………………………………………（52）
第二节 第二语言句子处理的理论模型 …………………（58）
　　一 语言迁移理论与竞争模型 ……………………（58）
　　二 输入处理模型 …………………………………（63）
　　三 陈述式/程序式模型 …………………………（68）
　　四 浅层结构假设 …………………………………（72）

第五章 国外第二语言句子处理研究 …………………（77）
第一节 结构歧义句的处理 ………………………………（77）
第二节 第二语言填充词—语缺依赖结构的处理 ………（81）
第三节 两种重要的填充词—语缺依赖结构 ……………（86）
　　一 中间语缺 ………………………………………（87）
　　二 主语填充语缺 …………………………………（94）

第六章 近十年来中国英语学习者句法处理的相关实证
　　　　研究 ………………………………………………（100）
第一节 有关英语语缺处理的研究 ………………………（100）

第二节　工作记忆对中国英语学习者句法处理的
　　　　　影响 ………………………………………… （104）
　第三节　中国英语学习者被动句式的处理情况 ……… （106）
　第四节　中国英语学习者英语关系从句和长距离
　　　　　疑问句的处理情况 …………………………… （108）
　第五节　中国英语学习者对其他特殊句式的处理
　　　　　情况 …………………………………………… （109）
　第六节　母语对目标语处理的影响 …………………… （112）
　第七节　特殊词语对中国英语学习者句子处理的
　　　　　影响 …………………………………………… （114）
　第八节　语义同语法信息的交互作用 ………………… （116）

第七章　中国英语学习者句法分析机制的特质 ……… （121）
　第一节　中国英语学习者的第二语言处理机制与英语
　　　　　母语者有质的不同 …………………………… （121）
　第二节　中国英语学习者在语缺处理过程中无法充分
　　　　　利用句法信息 ………………………………… （126）
　第三节　中国英语学习者的句子处理机制可能受到
　　　　　第一语言处理机制的影响 …………………… （129）
　第四节　第二语言水平对中国学生语缺处理的影响 …… （131）
　第五节　中国英语学习者的语法能力同句法分析
　　　　　机制的关系 …………………………………… （135）
　第六节　第二语言语缺处理研究对教学的启示 ……… （138）

结语 ………………………………………………………… （144）

参考文献 …………………………………………………… （146）

第一章　第二语言习得与句法分析机制研究

在第一语言习得领域，句法处理和句法分析机制一直是语言学和心理语言学研究的一个重要课题。第一语言句子处理研究表明，语言使用者头脑中具备一种句法分析机制（Parsing Mechanism），主要负责将语法和语义角色分配给句子中的各个不同的元素。第二语言学习者是否也具备这样一种句法分析机制？如果有，它跟第一语言习得者的句法分析机制是否相同？多年来，语言学和心理语言学领域的相关研究主要关注的是成人母语的理解和产出过程，而第二语言或者外语学习者的相关研究一直处于滞后的状态。

第二语言学习者的问题并不只是语法习得的问题，同时也是目标语言使用过程中运用这些语法知识的能力的问题。第二语言学习者句法分析机制的研究在第二语言习得理论中占有重要地位。有关第二语言学习者句法分析机制的研究可以推动第二语言习得理论的发展。这种研究还可以帮助语言教师理解第二语言学习者的输入处理系统和句法分析机制，从而开发和使用新的课堂教学方法和技术，以促进输入（Input）转变成为吸收（Intake）。第二语言语缺处理是第二语言句子处理中最为重要的一部分，也是探索句法分析机制最重要的线索。本章讨论第二语言习得研究与第二语言句法处理以及句法分析机制、第一语言和第二语言的填充词—语缺依赖结构的处理研究以及第二语言句法分析机制研究的重要意义这三个问题。

第一节　第二语言习得研究与第二语言句法处理以及句法分析机制

早期第二语言习得研究同第二语言句法处理并没有太多直接关系。当时第二语言习得研究的一个中心主题是学习者的中介语（Interlanguage），即学习者使用的语言本身是一个完整的语言系统，而不仅仅是目标语和第二语言初始状态之间差异的结果。中介语不但具有自己的系统规则而且还随着学习者学习和使用目标语而逐渐发展。很多第二语言习得研究者认为，驱动第二语言习得发展的主要因素是学习者接收到的语言输入。学习者接收到的适合其语言习得能力的语言输入越多，进步就会越快。Krashen（1981[①]，1982[②]，1985[③]）提出的输入假说（Input Hypothesis）成为早期第二语言习得研究里最为重要的理论之一。他对语言习得（Acquisition）和语言学习（Learning）进行了区分，认为习得是一个潜意识过程，而学习是一个有意识的过程，语言输入是习得所需的一切。随后的研究，如交互假说（Interaction Hypothesis）和可理解输出假说（Comprehensible Output Hypothesis），都表明学习者要达到更高的水平，输出和交互的机会也是必不可少的。

经过多年的发展，第二语言习得研究逐渐延伸到几个不同的领域。第二语言习得研究的生理研究方法（Biological Approach）

[①] S. D. Krashen, *Second Language Acquisition and Second Language Learning* (PDF), Oxford: Pergamon, 1981.

[②] S. D. Krashen, *Principles and Practice in Second Language Acquisition* (PDF), Oxford: Pergamon, 1982.

[③] S. D. Krashen, *The Input Hypothesis: Issues and Implications*, New York: Longman, 1985.

的研究重点在于，证明基本的语言技能是天生的还是后天的亦或是两者的结合。第二语言习得研究的生理研究方法探讨较多的是关于第二语言习得中的年龄问题，尤其是成人和儿童第二语言学习者之间的差异，比如关键期假说（Critical Period Hypothesis）。关键期假说认为，在儿童时期的某一特定年龄之后，人们将丧失完全学习掌握一门语言的能力。第二语言习得研究的认知方法（Cognitive Approach）研究大脑中语言习得所涉及的结构和过程，例如有意识的语言学习和无意识语言学习之间的差异，以及语言习得与短期和长期记忆的关系。第二语言习得研究的社会文化方法（Sociocultural Approach）试图将语言习得放在社会语境中加以解释，而否认第二语言习得是一种纯粹的心理现象的观点。第二语言习得研究的语言学方法（Linguistic Approach）试图利用语言学已有的研究结果来解释第二语言习得，将语言与其他知识分开来考察。第二语言习得研究的个体学习者方法（Individual Learner Approach）涉及学习策略同学习成果之间的关系，以及情感因素对于个体学习新语言能力的影响（比如焦虑、人格、社会态度以及动机等等）。

另外，在第一语言习得领域，句法处理和句法分析机制一直是语言学和心理语言学研究的一个重要课题。通过学者们的不懈努力，我们对母语使用者如何实时处理母语已经有了较为深入的理解。使用多种心理语言学研究方法和手段对第一语言句子处理的研究结果表明，语言使用者头脑中具备一种句法分析机制（Parsing Mechanism），主要负责将语法和语义角色分配给句子中各个不同的元素。

母语使用者头脑中的句法分析机制的特殊之处在于，它能够快速地提取和整合不同的语言信息，包括词汇、语义、句法以及结构方面的信息。因此人们在使用第一语言的时候能够轻松自如、毫不费力。大量心理语言学实验证明，英语母语者处理相应

第二语言句法分析机制研究

英语语言结构时,积极利用语言输入中的句法信息,对实验材料进行深层句法分析(Clahsen & Felser 2006a①,2006b②)。然而,语言学和心理语言学领域的相关研究主要关注的是成人母语的理解和产出的过程,而第二语言或者外语学习者的相关研究一直处于滞后的状态。

近二十多年来,虽然作为应用语言学最为重要分支之一的第二语言习得研究在世界各国得到了迅速的发展,但是有关第二语言学习者句子处理和句法分析机制的研究还相对不足。第二语言习得研究者主要关注点在于解释学习者使用第二语言的熟练程度,以及学习过程和个体结果。此外,由于第二语言习得研究者的技术资源和方法专长不足,第二语言句子处理研究多年来一直处于边缘状态。然而,正如Gregg(2001)③指出的,第二语言习得理论既需要属性理论(一种特定的语言知识理论),也需要转换理论(一种解释第二语言学习者状态变化的认知机制的理论)。而有关第二语言学习者句法处理机制的理论则恰好可以填补这一空白。

第二语言句法处理研究滞后的状况在最近几年里出现了改观。不少第二语言习得研究者采用了心理语言学的研究手段,针对第二语言学习者处理目标语时所使用的机制进行了研究,并取得了一定的成绩。第二语言学习者句法分析机制研究多基于之前针对单语者的研究,涉及某些特殊的句法结构,比如句法歧义结构(Felser et al., 2003)④和句法语缺结构(Marinis et

---

① H. Clahsen, and C. Felser, "Grammatical Processing in Language Learners", *Applied Psycholinguistics*, No. 27, 2006a, pp. 3 – 42.

② H. Clahsen, and C. Felser, "Continuity and Shallow Structures in Language Processing", *Applied Psycholinguistics*, No. 27, 2006b, pp. 107 – 126.

③ K. Gregg, "Learnability and Second Language Acquisition Theory", In P. Robinson (ed.), *Cognition and Second Language Instruction*, Cambridge: CUP, 2001, p. 52.

④ C. Felser, L. Roberts, R. Gross, and T. Marinis, "The Processing of Ambiguous Sentences by First and Second Language Learners of English", *Applied Psycholinguistics*, No. 24, 2003, pp. 453 – 489.

al.，2005)①。研究发现，与母语处理不同，第二语言学习者虽能掌握相应的语法知识，但在理解目标语语言时无法及时调用这些知识，也无法形成深层语法表征，他们对目标语的理解主要依靠语义处理来完成。因此，第二语言学习者的问题并不只是语法习得的问题，同时也是目标语言使用过程中运用这些语法知识的能力的问题。

第二语言学习者在阅读目标语时通过头脑中的句法分析机制将语言输入转化成语法表征。如果第二语言学习者在实时语言处理中进行句法分析时所采用的策略不是最佳，他们就不能像处理母语时那样构建合理的语法表征，也无法完全习得目标语语法。因此，对第二语言句法分析机制的探讨和研究，能够帮助我们更深刻地理解第二语言学习者语言处理的过程和本质，丰富第二语言习得理论并为第二语言习得研究提供新的视角。

目前国内对句法分析机制的研究虽然刚刚起步，但也取得了一定的成果。一些学者对句法歧义结构和句法语缺结构进行了探讨，不但在理论层面上研究，还通过心理语言学实验加以论证。本书将首先对句法分析机制和句子处理的相关理论进行介绍，然后归纳总结现有研究对于第二语言学习者句法分析机制具体特点的探讨。

第二节　第一语言和第二语言的填充词— 语缺依赖结构的处理研究

我们认为，第二语言语缺处理是第二语言句子处理中最为重要的一部分，也是探索句法分析机制最重要的线索。因此，本书

---

① T. Marinis, L. Roberts, C. Felser, and H. Clahsen, "Gaps in Second Language Sentence Processing", *Studies in Second Language Acquisition*, No. 27, 2005, pp. 53 – 78.

安排了专门章节探讨句法语缺的处理。

包括英语在内的许多语言中都存在着一种句法依赖结构，其中动词的论元从原来的位置移动到一定距离以外的另外一个位置（通常从右边的位置移动到左边的位置）。在将英语陈述句"Mike sold a house."（麦克卖了一栋房子）转化成特殊疑问句"What did Mike buy t?"时，动词（sell）的论元被移到句子的开头。被替换掉的名词短语称为填充词，其原始位置（用 t 标记）为语缺（或翻译为空隙）（Chomsky，1981）[1]。

很多年来，填充词—语缺依赖结构一直是第一语言句子处理研究的热点之一。这种结构为句法分析过程提出了一个有趣的问题，即在实时阅读过程中，语法是如何在句法分析机制中实现的。由于语缺是句子表面形式里一个空洞的位置，因此必须对其进行语法和语义上的推断。因此，母语者可以使用什么策略来确定语缺的位置便成为一个关键的问题。而这一问题只有通过心理语言学在线处理的实验才能够得到解决。这种句法依赖结构的研究重点是第一语言使用者如何在实时处理过程中将填充词与其对应的语缺联系起来。这些研究大多借鉴心理语言学的方法，遵循生成语法的框架（例如原则和参数框架）。

近年来，越来越多的学者对第二语言学习者的语缺依赖结构加工进行了大量的研究，对于第二语言学习者句法分析机制的性质和特点展开了各种探讨。他们关注的焦点是第二语言学习者采用了何种语缺填充策略，即第二语言学习者是否能够像母语者那样，识别出同填充词发生依赖关系的语缺，并将填充词与其对应的动词整合在一起。然而，早期的一些研究在实现这一目标上存在致命的弱点。

---

[1] N. Chomsky, *Lectures on Government and Binding: The Pisa Lectures*, Mouton de Gruyter, 1981.

一些研究者（Felser & Roberts，2007[①]；Marinis et al.，2005[②]）曾指出，不少研究的实验结果都与紧跟动词之后的所谓语缺位置有关。例如，其中一些研究发现，第二语言学习者在处理违反语法规则的疑问句形式"What did Tom buy *t* a house?"的短语"a house"时发生了处理时间的增加。因为实验对象预判到动词"buy"已经同前置词"What"建立起了依赖关系，因此读到另外一个论元"a house"时难以寻找到合适的句法框架。然而，Felser & Roberts（2007）[③]指出，"a house"处理时间上的增加也可以解释为动词"buy"和前置词"What"建立了语义上的联系，并非句法语缺空隙的影响。因此，需要更加合理的实验设计，来排除填充词和动词之间的语义联结的可能，才能解决这个问题。

第三节 第二语言句法分析机制研究的重要意义

首先，几十年来，第二语言习得研究一直以学习者的中介语为中心，探讨其词汇、词法或句法上的特点（离线研究），而学习者对于目标语语言资料的实时处理（在线研究）一直是一个被忽视的领域。鉴于这种情况，一些研究者提出第二语言句法加工和处理的理论和假设应该在第二语言习得理论中占有重要地位的主张。第二语言学习者和母语者在语言处理过程中都会主动利用句法信息进行实时句法分析。但二者在句法语缺的识别和定位能

[①] C. Felser, and L. Roberts, "Processing *WH*-Dependencies in a Second Language: A Cross-Modal Priming Study", *Second Language Research*, No. 23, 2007, pp. 9 – 36.

[②] T. Marinis, L. Roberts, C. Felser, and H. Clahsen, "Gaps in Second Language Sentence Processing", *Studies in Second Language Acquisition*, No. 27, 2005, pp. 53 – 78.

[③] C. Felser, and L. Roberts, "Processing *WH*-Dependencies in a Second Language: A Cross-Modal Priming Study", *Second Language Research*, No. 23, 2007, pp. 9 – 36.

力方面所存在的任何差异都将有助于揭示第二语言学习者句法分析机制的特点和本质，从而对第二语言习得理论的进一步发展起到重要的推动作用。

此外，早期的第二语言句法分析机制研究大多针对生活在目标语环境中的第二语言学习者（英语国家），针对非目标语环境里的第二语言学习者的研究仍然较少。鉴于两种语言环境在接触目标语言的数量和质量上存在本质的不同，我们十分有必要开展针对我国英语学习者的句法处理研究，探寻他们的句法分析机制在特点和本质上同生活在英语国家的英语语言学习者有何不同。同时，先前的研究一般只针对高水平第二语言学习者在实时阅读中的句法分析机制，而缺少对中、低水平第二语言学习者的研究，以致缺少语言水平对句法分析机制的影响方面的研究。因此，我们有必要比较不同水平的第二语言学习者，研究他们的句法分析机制的发展模式。同时，有关第二语言学习者句法分析机制的研究也可以为当前课堂教学的改进提供参考。研究结果可以更好地帮助语言教师理解第二语言学习者的输入处理系统和句法分析机制，从而开发和使用新的课堂教学方法和技术，以促进输入（Input）成为吸收（Intake）。

第二章 第一语言句子处理的相关理论

句子处理研究是心理语言学研究的一个重要组成部分。总体来讲,句子处理研究有两大理论方法:基于原则的方法以及基于约束的方法。两种方法在三个方面存在不同:符号知识与分布式知识、模块化与交互处理、串行与并行处理。

第一节 心理语言学的概念及其与语言学的关系

心理语言学(Psycholinguistics,又称为语言心理学 Psychology of Language)主要关注语言在大脑中的表现和处理方式,是一门研究人类在获得、使用和理解语言过程中所体现的心理和神经生物学特征的学科。该学科的研究内容包括从词汇和句子结构中抽象出语法和语义的认知过程,以及联系上下文理解话语、词汇、文本等的过程。早期的心理语言学研究由于缺乏关于人脑功能的科学性数据,主要源自哲学上的探索(Carroll,2008)[①]。

尽管语言的习得、理解和产生一直是心理语言学研究的核心,经过多年的发展,心理语言学已经成为一门跨学科的研究,

---

① D. W. Carroll, *Psychology of Languag*. 5th ed., Thomson/Wadsworth, 2008.

第二语言句法分析机制研究

利用生物学、神经科学、认知科学和信息理论来研究大脑如何处理语言。语言功能的神经学是心理语言学研究者目前感兴趣的领域,特别是有关性别差异、失语症、先天或后天脑损伤后语言发育障碍(语言障碍)等。一些心理语言学家还将他们的兴趣扩展到非人类语言学习的实验(例如大猩猩和黑猩猩),以发现我们所知的语言是否是人类特有的现象(O'Grady et al.,2001)[①]。

心理语言学家研究许多不同的话题,可以分为以下几个方面:(1)儿童如何掌握母语(第一语言习得)?(2)人们如何理解语言(语言理解)?(3)人们如何产生语言(语言产出)?(4)已经掌握一种语言的人如何习得另一种语言(第二语言习得)?

心理语言学中最为重要的研究内容是根据构成语言的不同成分来进行的,可以从表2-1中得到体现。

表2-1　　心理语言学和语言学之间的关系

	语言学	心理语言学
语音 (Phonetics)	语音本质以及产生语音的方法,及各种语音如何通过发声器官发出	大脑如何辨识和处理这些声音
音位 (Phonology)	各个语音的特征及其在语言中运作的抽象规则和语音的系统	
形态 (Morphology)	研究词的结构,同一语言中单词之间在构词规则方面的关系	大脑如何处理不同的词素(Morpheme)
句法 (Syntax)	决定词、短语、从句等句子成分如何组成句子的规则或过程	大脑如何利用句法信息来提取并且存储句子的深层表征
语篇 (Discourse)	语言实际交流过程中使用的一系列连续的语段或句子所构成的语言单位	大脑如何利用语篇信息将文本组成一个连贯的整体

许多关于人类语言理解过程的研究都集中在无语境的单个话

---

① W. O'Grady, J. Archibald, M. Aronoff, and J. Rees-Miller, *Contemporary Linguistics: An Introduction*, 4th ed. Bedford/St. Martin's, 2001.

语（句子）的阅读上。然而，大量的研究表明，语言理解同时受到特定话语的语境以及许多其他因素的影响。句子处理指的是在独立环境下或者在文本的上下文中语言使用者对于语言输入进行的语义、句法以及语用等方面的处理。本书主要探讨中国学生的句法分析机制，因此是从句法学的角度来考察他们在理解和处理各种句法关系时所体现出来的特点。为了能够更好地分析这一机制，我们首先介绍心理语言学领域中有关第一语言句子处理的相关理论。

第二节 语法同句法分析机制的关系

单词按照各种语法规则被组合成短语和句子，从而产生无穷尽的各种可能。很多句子是语言使用者从未见过或听过的。因此，语言的灵活性和多样性对于语言理解者来说是一个挑战，因为他们必须在实时理解过程中很快地提取出句子深层的句法和语义信息。这种困难主要体现在三个方面（Walenski，2002）[①]：

（1）目标句子中包含哪些信息？也就是说，单词包含哪些信息，以及它们之间的特定排序透露了哪些信息？

（2）这些信息是如何组合的？也就是说，什么样的形式或者手段确定了一个句子的正确理解方式，而不是其他的理解方式？

（3）这个过程是如何实时展开的？

一方面，多年以来，大多数语法理论（有关语言能力，即 Linguistic Competence）都在试图回答前两个问题，而一般不涉及输入句子的实时处理（第三个问题）。另一方面，句法分析理论（有关语言行为，即 Linguistic Performance）关注的是第三个问

---

① M. S. Walenski, *Relating Parsers and Grammars: On the Structure and Real-Time Comprehension of English Infinitival Complements*, Unpublished PhD Dissertation, University of California, San Diego, 2002.

题，但它们通常基于语法理论研究的结果，并预测哪些特定的表达和操作可以实时展开。

一 转换生成语法和复杂性衍生理论

当乔姆斯基（Chomsky）在1957年提出生成语法概念的时候，心理语言学家还没有开始研究与句子的感知、理解和产出有关的心理过程。乔姆斯基的理论为心理语言学家们提供了一个简单的（又有其自身的复杂性）理论框架来开展有关语言处理的实验。转换生成语法（Transformational Generative Grammar）模型为描述语言理解者和语言产出者如何实时处理语言文字信息提供了心理现实性依据。

乔姆斯基提出的短语结构规则（Phrase Structure Rules）理论主要来解释基本英语句子的生成（如简单的肯定陈述句），以及用来衍生出各种表层结构的转换规则。这一理论框架的提出对于句子的理解和感知之后的研究工作产生了深远的影响。在转换生成语法的框架下，简单句被划分为NP和VP等组成部分，而这些组成部分又由更多更小的单元组成。这些基本的单元通过短语结构规则可以生成原来的句子，比如，"The doctor bought a chair."

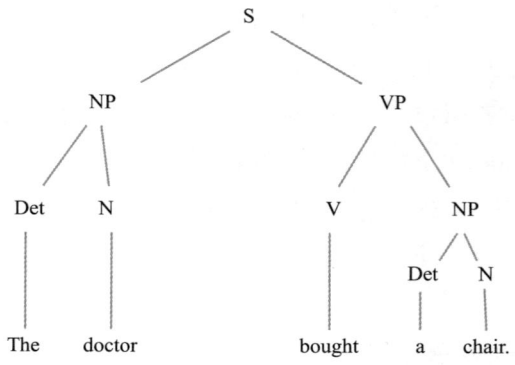

图2-1 简单句"The doctor bought a chair."的深层结构树形图

第二章 第一语言句子处理的相关理论

尽管乔姆斯基（1965）① 指出他的转换生成语法理论不是语言表现（Linguistic Performance）的理论，但是语言学界和心理学界的研究者们都把转换生成语法看作是一种心理模式。转换生成语法的假设如下：（a）人们在结构中可以用抽象的基础来表示，称为深层结构；（b）这些深层结构在语言产出时被转换成表面结构，在此过程中要遵循多个必选和可选的转换规则；（c）句子的复杂性是由生成表层结构所必需的转换规则的数量决定的。

转换生成语法不仅仅是作为一种句法理论而受到学者们广泛关注，它也被广泛地应用在心理语言学的句子处理的研究中。不少学者认为，听者对句子深层含义表征的提取涉及对上述规则的理解和应用。人们头脑中的句法分析机制被认为是一种从字符串开始，计算出句子深层表征的机制。因此可以想象，生成表层句子结构所涉及的语法操作越多，句子处理就越困难。因此，有些学者开始用语法规则的步骤多少来衡量句子的复杂度（Fordor，1974）②，而这被称为复杂性衍生理论（Derivational Theory of Complexity）。

复杂性衍生理论为复杂句的处理提供了较为合理的解释。每个转换规则都有一个对应的"反向转换"。它由表面结构中的特定语素触发，通过应用转换规则而反向转换出语句的深层结构。在这种理论框架下，说话人/听话人通过构建句子的表层结构来提取句子的深层表征。同样地，通过应用反向转换，语言使用者可以直接生成句子的基本形式。而且，一般来说，生成句子所需的转换越多，说话人/听话人理解句子所需的反向转换就越多。因此，转换规则和句子理解所需的心理过程的数量和复杂性之间应该有直接的对应关系。

---

① N. Chomsky, *Aspects of the Theory of Syntax*, Cambridge, MA：MIT Press, 1965.
② J. A. Fodor, T. G. Bever, and M. Garrett, *The Psychology of Language*, New York：McGraw-Hill, 1974.

第二语言句法分析机制研究

按照转换生成语法的规定,一个简单的肯定陈述句是最基本或最核心的句子,其他复杂的结构是在这一基础上通过应用转换规则而产生的。各种表层结构所表现出的复杂性源于句子与其核心结构之间的区别。换句话说,复杂性就是转换次数(转换规则)的多少。

20世纪60年代中期,很多心理语言学实验为复杂性衍生理论提供了强大的数据支持。例如,Savin & Perchonock(1965)[①]让被试回忆一个句子和一组不相关的单词。两位研究者认为,成功回忆无关单词的数量是衡量句子存储容量的一个指标。鉴于说话人/听话人的短期记忆能力有限,派生式简单句子的存储需求很小,因此允许被试存储更多不相关的单词;而派生式复杂句子需要更大的存储空间,导致受试对象的内存空间较小,只能容纳较少的存储单词。因此,他们的研究表明涉及更多转换步骤的复杂结构占用了更多的记忆空间。

McMahon(1963)[②]的研究表明,被动句比主动句的处理需要更长的时间。被动句的附加复杂性是由于其推导过程需要额外转换步骤。Bever et al.(1966)[③]的研究证明,否定句比肯定句的处理更复杂,疑问句比陈述句的处理更复杂,被动句比主动句的处理更复杂。在每种情况下,前者都比后者需要更多的转换步骤。

Miller & McKean(1964)[④]的研究也表明,句子中的转换越

---

① H. Savin, and E. Perchonock., "Grammatical Structure and the Immediate Recall of English Sentences", *Journal of Verbal Learning and Verbal Behavior*, No. 4, 1965, pp. 348 – 353.

② L. McMahon, "Grammatical Analysis as Part of Understanding a Sentence", Unpublished doctoral dissertation, Harvard University, 1963.

③ T. G. Bever, J. A. Fodor, M. F. Garrett, and J. Mehier, *Transformational Operations and Stimulus Complexity*, Unpublished manuscript, MIT, 1966.

④ G. A. Miller, and K. McKean, "A Chronometric Study of Some Relations Between Sentences", *Quarterly Journal of Experimental Psychology*, No. 16, 1964, pp. 297 – 308.

多，处理起来就越困难。他们研究了以下句子的处理时间：

（1） The robot shoots the ghost.（简单基本句，无转换）

（2） The ghost is shot by the robot.（被动句，一次转换）

（3） Is the ghost not shot by the robot?（被动否定问句，三次转换）

他们的结论是，理解句子所需的时间与句子中的转换次数直接相关，而这被认为是支持转换语法心理现实的证据。

尽管大量的证据表明复杂性衍生理论和转换生成语法的有效性，但这一领域很快就引起了争议。有些研究人员在研究中发现了反常的结果。例如，Slobin（1966）[1] 通过对可逆（Reversible）和不可逆（Irreversible）被动句的处理研究，声称 Miller & McKean（1964）[2] 的结果只能用于可逆被动句，而不适合其他的语境。这使语义学在理解句子中的作用成为焦点。人们第一次注意到句法复杂性可能不是造成句子处理时间长的唯一原因，也可能是语义上的复杂性引起的。"只有当没有足够的线索从别处得知句子的意思时，非转换句法分析才显得有必要。"（Slobin，1966）[3] 这个结果意味着复杂性衍生理论并非总是真实的：复杂性只涉及在语义线索缺失的情况下的解析。

与此同时，Fodor，Garrett & Bever（1968）[4] 的研究表明，从简单句（即非嵌入句）中删除可选元素的转换降低了句子的感知复杂度。当被试在记忆句子犯错误时，更多的是遗漏了一些转

---

[1] D. I. Slobin, "Grammatical Transformations and Sentence Comprehension in Childhood and Adulthood", *Journal of Verbal Learning and Verbal Behavior*, No. 5, 1966, pp. 219-227.

[2] G. A. Miller, and K. McKean, "A Chronometric Study of Some Relations Between Sentences", *Quarterly Journal of Experimental Psychology*, No. 16, 1964, pp. 297-308.

[3] D. I. Slobin, "Grammatical Transformations and Sentence Comprehension in Childhood and Adulthood", *Journal of Verbal Learning and Verbal Behavior*, No. 5, 1966, pp. 219-227.

[4] J. A. Fodor, M. Garrett, and T. G. Bever, "Some Syntactic Determinants of Sentential Complexity", *Perception & Psycholinguistics*, No. 3, 1968, pp. 453-461.

换，而不是添加额外的转换。

二 语法同句法分析机制的三种关系

正如前一节我们谈到的，早期的心理语言学研究的大量工作都集中在语法和句法分析机制之间的关系上（Berwick & Weinberg, 1984①；Bresnan & Kaplan, 1982②；Crain & Fodor, 1985③；Phillips, 1996④；Pritchett, 1992⑤）。总的来讲，他们认为，语法和句法分析机制之间存在复杂的关系（Crain & Fodor, 1985⑥；Pritchett, 1992⑦），并且把稳态语法（Steady-State Grammar，语言能力）和语法使用方式（语言表现）之间的区别作为一个中心问题。然而，关于这个关系的许多问题到现在仍然没有解决。

虽然复杂性衍生理论（Derivational Theory of Complexity）在20世纪60年代末逐渐失宠，但是实验心理语言学却一直被语法/句法分析这个视角所困扰。Duffield（2006）⑧认为，心理表征语法（Mentally Represented Grammar）确实同人类语言处理机制有

---

① R. Berwick, and A. Weinberg, *The Grammatical Basis of Linguistic Performance*: *Language Use and Acquisition*, Cambridge: MIT Press, 1984.

② J. Bresnan, and R. M. Kaplan, "Introduction: Grammars as Mental Representations of Language", In Bresnan (ed.), *The Mental Representation of Grammatical Relations*, Cambridge: MIT Press, 1982.

③ S. Crain, and J. D. Fodor, "How Can Grammars Help Parsers?", In D. R. Dowty, L. Kartunnen, and A. Zwicky (eds.), *Natural Language Parsing*: *Psychological, Computational and Theoretical Perspectives*, Cambridge: CUP, 1985, pp. 95 – 128.

④ C. Phillips, *Order and Structure*, PhD Dissertation, MIT, 1996.

⑤ B. L. Pritchett, *Grammatical Competence and Parsing Performance*, Chicago: University of Chicago Press, 1992.

⑥ S. Crain, and J. D. Fodor, "How Can Grammars Help Parsers?", In D. R. Dowty, L. Kartunnen, and A. Zwicky (eds.), *Natural Language Parsing*: *Psychological, Computational and Theoretical Perspectives*, Cambridge: CUP, 1985, pp. 95 – 128.

⑦ B. L. Pritchett, *Grammatical Competence and Parsing Performance*, Chicago: University of Chicago Press, 1992.

⑧ N. Duffield, "How Do You Like Your Doughnuts?", *Applied Psycholinguistics*, No. 27, 2006, p. 56.

种种联系。正因如此,它在很长时间里对心理语言学在形式主义和功能主义的研究有着重要的影响。

通过整理文献,我们可以发现研究语法与句法分析机制之间关系的三种有代表性的方法。

首先,一些学者倾向于解释复杂性衍生理论失败的原因。他们认为,转换生成语法并不具有心理现实性。他们试图发展句子处理的新模型,但提出的新模型通常忽略了这样一个事实:语言使用者通过语言输入了解并且掌握了高度深奥和抽象的特殊句法现象的语法规则,例如关于省略(Ellipsis)、寄生语缺(Parasitic Gaps)、WH-移动(WH-Movement)等等。

表2-2　　　　　　　　特殊句法现象和示例

特殊句法现象	含义	示例
省略	一个或多个词在讲话或写作中的省略,这些词是多余的或可以从上下文线索中理解的	Mother visited the library on Tuesday, and father on Wednesday.
寄生语缺	寄生语缺是句法研究中的一种结构。其中一个"语缺"的存在依赖于另一个"语缺",即一个间隙只能通过另一个语缺的出现而出现,因此前者被称为寄生于后者	Which explanation did you reject ____ 1 without first really considering ____ 2?
WH-移动	WH-移动是许多语言中都存在的一种句法现象,其中疑问词(以WH开头)或短语出现在句子中特殊的位置。与一般短语不同,这类WH词出现在疑问句的开头	Which book did Tom buy yesterday?

换句话说,尽管这些模型具有许多优点,但都忽略了语法的复杂性(Duffield, 2006)[1]。Berwick & Weinberg (1984)[2] 建议

---

[1] N. Duffield, "How Do You Like Your Doughnuts?", *Applied Psycholinguistics*, No. 27, 2006, p. 56.

[2] R. Berwick, and A. Weinberg, *The Grammatical Basis of Linguistic Performance: Language Use and Acquisition*, Cambridge: MIT Press, 1984.

将语法和语言处理器的概念区分开来:"也就是说,既然语法和解析器之间的映射可能非常抽象,我们为什么要将它们连接起来呢?"

其次,那些把形式句法知识放在理论中心位置的学者已经开始发展句法分析理论,用来解释某些特殊的、传统语法无法解释实时处理的案例。在这个理论框架中,语法信息被用来排除非语法分析,而句法分析理论则被用来从剩余的选项中挑选出首要的分析。一个典型的例子是结构歧义(Structural Ambiguity)的处理(Duffield,2006)[①]。

在英语语法中,结构歧义(也称为句法歧义或语法歧义)指,在一个句子或单词序列中存在由于句法结构的原因所引起的对句子含义的两个或者多个解读。结构歧义有别于词汇歧义(Lexical Ambiguity),后者是由一个单词存在的不同含义造成的。含有结构歧义的短语或者句子通常可以通过上下文语境来确定准确含义,但有时也存在例外。由于句法结构歧义存在着多种不同解读的可能,它们往往会让句子理解者感到困惑。比如:"The teacher said on Monday she would provide feedback."在这句话中,由于"on Monday"的特殊位置,可以来修饰动词"say"或者宾语从句"she would provide feedback",因此这个句子就有两种不同的解读。

Phillips(1996)[②]认为,"语法和句法分析机制之间没有区别"。在他的理论模型里,人们头脑中的语言系统由两个不同的部分组成:决定语言共性、特定属性、词汇存储等信息的语法,以及一组包括记忆、注意力、世界知识等内容的认知资源。句子处理的过程是一个受各种资源限制的认知过程,因此人才会对结

---

① N. Duffield, "How Do You Like Your Doughnuts?", *Applied Psycholinguistics*, No. 27, 2006, p. 56.

② C. Phillips, *Order and Structure*, PhD Dissertation, MIT, 1996, p. 13.

构歧义的处理中遇到困难。

最后,有学者认为尽管语法和语法分析机制在理论上可能存在着差异,但是二者并不是独立存在的。例如,Bresnan & Kaplan(1982)[①]认为,将这两个概念体系联系起来会为研究者们提供一个巨大的理论优势:"理论语言学中对知识表征形式的限制可能会限制相关信息处理模型的类别;同样,信息处理模型的使用可能对语言表征形式产生直接的影响。"在他们的模型中,能力和表现的模型尽管可以相互制约,但两者在本质上是不同的。这两个系统之间的相互制约最终导致了表现模型推动语法理论模型的发展,而表现理论同样得到来自语法模型的帮助。

基于对上面三种研究方法的分析,本书主要采用语法理论作为句法分析理论部分的方法。Crain & Fodor(1985)[②]提出,如果一个语法理论能够兼容在线处理的过程,就会是一个非常有价值的理论。同样地,Pritchett(1992)[③]认为句法分析理论可以基于原则和参数(Principles and Parameters)理论在实时语言处理中的应用。这种观点到现在仍然很有影响力。大多数心理语言学家已经达成一个共识,即句法分析是逐步进行的(Incrementally)(Juffs,2004)[④]。在实时处理时,每一个新词都被整合到一个结构中,并且在必要时依据语法原则进行及时修改。

[①] J. Bresnan, and R. M. Kaplan, "Introduction: Grammars as Mental Representations of Language", In Bresnan(ed.), *The Mental Representation of Grammatical Relations*, Cambridge: MIT Press, 1982.

[②] S. Crain, and J. D. Fodor, "How Can Grammars Help Parsers?", In D. R. Dowty, L. Kartunnen, and A. Zwicky(eds.), *Natural Language Parsing: Psychological, Computational and Theoretical Perspectives*, Cambridge: CUP, 1985, pp. 95 – 128.

[③] B. L. Pritchett, *Grammatical Competence and Parsing Performance*, Chicago: University of Chicago Press, 1992.

[④] A. Juffs, "Representation, Processing, and Working Memory in a Second Language", *Transactions of the Philological Society*, No. 102, 2004, pp. 199 – 225.

然而，正如 Juffs（2004）① 所指出的，采用语法理论作为句法分析机制的一部分并不是要去排除语篇、语境、语义、频率和其他可能影响句法分析的因素。

第三节 第一语言句子处理的理论模型

句子处理研究的目的是研究语言使用者如何快速分析句子的结构，并将其作为一个整体来理解。它主要研究语言使用的动态过程（Performance），而不是语言知识的抽象表征（Competence）（Hulstijn，2002②；Year，2003③）。在句子处理的相关研究中，处于核心地位的是如何识别出对句子的理解和产出起决定作用的心理机制。比如，心理语言学家研究不同的语言信息单位（即句法、词汇、语用、话语、语境）在实时语言处理过程中发生了怎样的交互作用（Harrington，2001）④。

然而，同其他心理过程一样，要直接考察句子处理的过程和机制非常困难。因此，Anderson（1976）⑤ 对传统心理语言学句子处理研究进行了详细的分析和探讨，他认为"不可能直接考察语言处理的机制和过程"。在以往的研究中，研究者只能从被试的行为表现里间接推断出他们所使用的分析机制。这对一些寻求建立句子处理的理论框架，同时又在积极寻找更为合适的心理语言实验技术的研究者来说是一个巨大的挑战（Wingfield &

---

① A. Juffs, "Representation, Processing, and Working Memory in a Second Language", *Transactions of the Philological Society*, No. 102, 2004, pp. 199 – 225.

② J. Hulstijn, "Towards a Unified Account of the Representation, Processing and Acquisition of Second Language Knowledge", *Second Language Research*, No. 18, 2002, pp. 193 – 223.

③ J. E. Year, "Sentence Processing within the Competition Model", *Working Papers in TESOL & Applied Linguistics*, Vol. 8, No. 2, 2003, pp. 1 – 27.

④ M. Harrington, "Sentence Processing", In P. Robinson (ed.), *Cognition and Second Language Instruction*, Cambridge: CUP, 2001, pp. 91 – 124.

⑤ J. R. Anderson, *Language, Memory, and Thought*, Hillsdale, NJ: Erlbaum, 1976.

第二章 第一语言句子处理的相关理论

Titone，1998①；Year，2003②）。

经过多年的发展，心理语言学家在句子处理研究方面得到了巨大的发展。为了解释与句子加工相关的复杂心理过程，学者们提出了多种模型。比较有代表性的包括花园路径模型（Garden Path Model）、约束—满足模型（Constraint-Satisfaction Model）、广义 Theta 附着（GTA）模型［Generalized Theta Attachment（GTA）Model］、基于词汇的约束模型（Lexicalist Constraint-Based Model）和竞争模型（Competition Model），如表 2 - 3 所示。

表 2 - 3　　　　第一语言句子处理的相关理论模型

	提出者	主要内容
花园路径模型 （Garden Path Model）	Frazier & Fodor，1978③	花园路径句是一个符合语法规则但却很容易理解错误的句子。读者被诱导进行一种句法和语义分析，但却发现是一个死胡同或产生一个意料之外的意义
约束—满足模型 （Constraint-Satisfaction Model）	McClelland，Rumelhart & Hinton，1986④	人们如何利用语言输入中的大量概率信息来理解句子（比如选择语言环境中事件的频率和分布）
广义 Theta 附着（GTA）模型 ［Generalized Theta Attachment（GTA）Model］	Pritchett，1992⑤	用来获取句子的处理难度和语法知识对处理过程的相对贡献

---

① A. Wingfield, and D. Titone, "Sentence Processing", In J. Gleason, and N. Ratner (eds.), *Psycholinguistics*, Fort Worth: Harcourt Brace College, 1998, pp. 227 – 274.

② J. E. Year, "Sentence Processing within the Competition Model", *Working Papers in TESOL & Applied Linguistics*, Vol. 8, No. 2, 2003, pp. 1 – 27.

③ L. Frazier, and J. D. Fodor, "The Sausage Machine: A New Two-Stage Parsing Model", *Cognition*, No. 6, 1978, pp. 1 – 34.

④ J. J. McClelland, D. E. Rumelhart, and G. Hinton, "The Appeal of Parallel Distributed Processing", In D. E. Rumelhart and J. L. McClelland (eds.), *Parallel Distributed Processing*, Cambridge, MA: MIT Press, 1986, pp. 3 – 44.

⑤ B. L. Pritchett, *Grammatical Competence and Parsing Performance*, Chicago: University of Chicago Press, 1992.

续表

	提出者	主要内容
基于词汇的约束模型 (Lexicalist Constraint-Based Model)	MacDonald, 1997①	通过句中的词汇带来的大量概率信息来理解句子
竞争模型 (Competition Model)	MacWhinney & Bates, 1989②	语言的意义是通过比较句子中的一些语言"线索"（信号特定功能）来解释的；同时语言也是在丰富的语言环境中通过基本的认知机制的竞争来习得的

上述这些模型可以分为两大类：(a) 基于原理 (Principle Based) 的模型，和 (b) 基于约束 (Constrain Based) 的模型 (Harrington, 2001)③。我们可以从三个方面探讨它们的不同。首先，模型对语言知识的表征作出了不同的假设：符号 (Symbolic) 知识还是分布 (Distribution) 知识。其次，它们在句法分析与其他知识信息来源的交互作用上的认同度不同：模块化 (Modular) 处理与交互 (Interactive) 处理。最后，它们对句子处理的进行方式有不同的看法：串行 (Serial) 处理与并行 (Parallel) 处理 (Year, 2003)④。

一 基于原则的模型

基于原则模型的核心思想是，知识是以符号形式来表示的，而语言知识是一种独特的心理能力，这与模块化的语言观是一致

---

① M. C. MacDonald (ed.), *Lexical Representations and Sentence Processing*, Hove: Psychology Press, 1997.

② B. MacWhinney, and E. Bates, *The Cross-Linguistic Study of Sentence Processing*, New York: CUP, 1989.

③ M. Harrington, "Sentence Processing", In P. Robinson (ed.), *Cognition and Second Language Instruction*, Cambridge: CUP, 2001, pp. 91 – 124.

④ J. E. Year, "Sentence Processing Within the Competition Model", *Working Papers in TESOL & Applied Linguistics*, Vol. 8, No. 2, 2003, pp. 1 – 27.

的（Chomsky，1972）①。在语言模块中，我们可以识别出各种子模块，例如语法分析器和语义处理器。语言解析器系统是子模块之一，独立于其他子模块之外存在和运行。根据这种方法，句法处理器只负责对输入句子的初始句法分析，其他的知识来源（即词汇、语用、真实世界知识）在之后的处理过程中获得。因此，通过上述机制，句子处理是以一种连续的（Serial）方式进行的。

Frazier & Fodor（1978）② 提出的花园路径模型是基于原则模型的一个典型例子。在该模型中，句子处理分为两个阶段，而句法分析器在初始阶段占据主导地位。在第一阶段，语言输入的初始句法分析是由短语结构规则等句法知识单独控制的。因此，理解者倾向于使用尽可能少的短语结构节点来解释句子。这种句法分析策略被称为最小连接（Minimal Attachment）。在第二阶段，理解者主要利用主题信息来评价初步分析的适当性。

基于原则的模型为理解句子处理机制的内在功能提供了重要的视角，因此该模型已经成为语言处理的主流模型范式。然而，由于词汇信息被赋予了高度限制性的作用，这种方法受到了严重的质疑。有些研究表明，在初始句法分析过程中，各种信息来源（词汇、语义、上下文）之间有着更大的交互作用（Tanenhaus & Rueswell，1995）③，同时句子解释中也存在着频率效应。正因如此，在这个框架中的许多研究（Altmann & Steedman，1988④；

---

① N. Chomsky, *Language and Mind*, New York: Harcourt Brace Jovanovich, 1972.

② L. Frazier, and J. D. Fodor, "The Sausage Machine: A New Two-Stage Parsing Model", *Cognition*, No.6, 1978, pp. 1 – 34.

③ M. K. Tanenhaus, and J. C. Rueswell, "Sentence Comprehension", In J. L. Miller & P. D. Eimas (eds.), *Speech, language and Communication*, San Diego, CA: Academic Press, 1995, pp. 217 – 262.

④ G. Altmann, and M. Steedman, "Interaction with Context During Human Sentence Processing", *Cognition*, No.30, 1988, pp. 191 – 238.

Frazier & Clifton,1996①）都考虑了句法处理器与语义处理器和语用处理器之间的交互过程。然而，句法自主原则在所有这些模式中都得到了保留。

二 基于约束的模型

基于约束的模型认为，语言知识是以一种关联的模式分布的，而不是以符号形式进行表征的。从句子处理的第一阶段，多个知识来源（例如句法、词汇、语用、语篇）同时影响实时处理。与基于原则的模型不同，该类理论框架不假设句法处理器的自主性，而是强调以并行的方式来识别所有相关信息的交互过程。这种类型的模型主要依赖连接主义架构和处理原则（McClelland et al.，1986②）。因此，句子处理被认为是一个同时使用多个信息源来激活不同单位之间相互联系的过程。信息源之间的相互连接由语言输入数据来决定，语言处理受到输入频率的很大影响（Ellis，2002）③。

有不少的研究结果已经证明了各种因素对句子处理初期过程的影响，这似乎支持了基于约束的模型。比如，强调词汇信息在语言处理中作用的研究，便代表了基于约束的模型对于句子处理研究持续的影响（Year，2003）④。然而，这类模型并没有提供完整的机制来解释语法知识与不同知识源之间准确的制约关系，因

---

① L. Frazier, and C. Clifton, *Construal*, Cambridge, MA: MIT Press, 1996.

② J. J. McClelland, D. E. Rumelhart, and G. Hinton, "The Appeal of Parallel Distributed Processing", In D. E. Rumelhart and J. L. McClelland (eds.), *Parallel Distributed Processing*, Cambridge, MA: MIT Press, 1986, pp. 3–44.

③ N. C. Ellis, "Frequency Effects and Language Processing: Investigating Formulaic Use and Input in Future Expression", *Studies in Second Language Acquisition*, No. 24, 2002, pp. 143–188.

④ J. E. Year, "Sentence Processing Within the Competition Model", *Working Papers in TESOL & Applied Linguistics*, Vol. 8, No. 2, 2003, pp. 1–27.

第二章 第一语言句子处理的相关理论

此缺乏解释性理论（Gregg，2001[①]；Harrington，2001[②]）。

总之，上述两大类句子处理模型存在诸多对立面，似乎无法共存。然而，这两类模型之间的差异也一直是一种强大的推动力，促使研究人员在每类模型的理论框架里寻找更加一致的解释。此外，在不同模型中发展出的概念和方法等工具有助于加深我们对语言处理和习得的理解（Harrington，2001[③]）。

基于原则的模型和基于约束的模型之间如何选择的问题仍在争论和研究中。本书将坚持基于原则的理论框架，因为它承认负责提取句子深层表征的句法分析器的存在，而不依赖于语义处理器。然而，这并不意味着我们要放弃基于约束的模型；相反，我们对句子处理的两大模型之间的相互作用应给予充分的考虑。

[①] K. Gregg, "Learnability and Second Language Acquisition Theory", In P. Robinson (ed.), *Cognition and Second Language Instruction*, Cambridge：CUP, 2001, pp. 52–180.

[②] M. Harrington, "Sentence Processing", In P. Robinson (ed.), *Cognition and Second Language Instruction*, Cambridge：CUP, 2001, pp. 91–124.

[③] Ibid.

第三章 填充词—语缺依赖结构的处理

填充词—语缺依赖结构受到了第一语言句子处理研究者的极大关注。然而，对于填充词的标准位置是否存在语缺，有存在语缺与不存在语缺两种对立的看法。语言结构分析上的争论也产生了两种不同的假设，即填充词是如何与其子范畴动词结合在一起的：语迹再激活假说（Trace Reactivation Hypothesis，TRH）和直接关联假说（Direct Association Hypothesis，DAH）。

Pritchett 的句法分析理论是一种基于原则的分析方法，为很多研究提供了理论框架。它认识到语法在句法分析理论中的应用，并在先前的第一语言和第二语言的句法分析中被证明是有价值的。主动填充假设是一个重要的理论假设，它指出每当识别一个填充词时，句法分析机制都会主动搜索它的语缺。

第一节 句法结构的移位以及相关理论

一 转换生成语法的主要理论和观点

填充词—语缺依赖结构在其句法本质上属于句法移位（Syntactic Movement）。句法移位（Syntactic Movement）是一些句法学家用以解释句子结构中不连续片段而构建的理论模型。本部分主要介绍该概念所涉及的一些句法理论。

第三章 填充词—语缺依赖结构的处理

句法移位最初是由结构主义语言学家提出的句法假设，他们用不连续的成分或错位来解释移位（Graffi，2001）[1]：某些结构成分从其初始接受语法和语义信息的位置被移动到了另外一个位置。结构主义/结构语言学最初由瑞士语言学家索绪尔（Ferdinand de Saussure）提出，是结构主义整体研究方法的一部分。结构语言学家收集话语的语料库，然后尝试将语料库中的所有元素在不同的语言层面上进行分类：音素、语素、词类、名词短语、动词短语和句子类型。索绪尔于1916年出版的《普通语言学教程》中强调，语言是一个由相互联系的单元构成的静态系统。索绪尔被称为现代语言学之父，因为他带来了从历时（历史）分析到共时（非历史）分析的转变，并提出了符号学分析的几个基本方面。索绪尔的这些语言学观点在今天仍然很重要。

句法移位的概念到现在还是有争议的，它受到转换生成语法理论（如转换语法、管辖与约束理论、最简方案）很大的影响。管辖与约束（Government and Binding，GB）是20世纪80年代乔姆斯基在其转换语法传统中发展起来的一种句法理论和短语结构语法（Chomsky，1981[2]，1993[3]），该理论是对他早期理论的一次彻底修正。该理论存在两个中心分支：管辖（Government），一种抽象的句法关系，负责语法角色（比如格，即case）的分配；约束（Binding），主要处理代词和它们共同指称的表达式之间的关系。管辖与约束理论是第一个建立在语言的原则和参数模型基础上的理论，也是后来的最简方案所赖以发展的基础。

---

[1] G. Graffi, *200 Years of Syntax: A Critical Survey*, Amsterdam: John Benjamins, 2001.

[2] N. Chomsky, *Lectures on Government and Binding: The Pisa Lectures*, Mouton de Gruyter, 1981.

[3] N. Chomsky, "A Minimalist Program for Linguistic Theory", In Hale, Kenneth L. and S. Jay Keyser（eds.）, *The View from Building* 20: *Essays in Linguistics in Honor of Sylvain Bromberger*, Cambridge, Massachusetts: MIT Press, 1993, pp. 1–52.

第二语言句法分析机制研究

最简方案是由乔姆斯基和其他句法学家在20世纪90年代初提出的（Chomsky，1993[①]，1995[②]，2000[③]），一直在生成语法的框架中发展。它是一套程序化的思想，用于创建语法的理论框架，是语言学和句法学领域里一个主要的研究方向，其目的是从语言学理论中消除任何没有必要的成分。乔姆斯基（1993）[④] 提出最简方案是一个程序，而不是一个理论。最简方案寻求一种以其极简主义所能实现的多种途径的灵活性为特征的探究模式。同时，最简方案提供了一个指导语言理论发展的概念框架。在极简主义中，乔姆斯基试图从一些基本的极简主义问题（比如什么是语言？为什么它有特定的属性？）的答案中解释普遍语法。对于乔姆斯基来说，这些极简主义的问题可以在任何理论框架内寻找答案。

与前面介绍的生成理论不同，一些句法表征理论，例如中心词驱动短语结构语法（Head-Driven Phrase Structure Grammar）、词汇功能语法（Lexical Functional Grammar）、构式语法（Construction Grammar）和大多数依赖语法（Dependency Grammar），拒绝承认移位的概念，它们往往通过特征传递或持久的结构身份来解决结构上的不连续性（Pollard & Sag，1987[⑤]）。

中心词驱动短语结构语法是广义短语结构语法的直接继承

[①] N. Chomsky, "A Minimalist Program for Linguistic Theory", In Hale, Kenneth L. and S. Jay Keyser (eds.), *The View from Building* 20: *Essays in Linguistics in Honor of Sylvain Bromberger*, Cambridge, Massachusetts: MIT Press, 1993, pp. 1 – 52.

[②] N. Chomsky, *The Minimalist Program*, Cambridge, Massachusetts: MIT Press, 1995.

[③] N. Chomsky, "Minimalist Inquiries: the Framework", In Roger Martin, David Michaels and Juan Uriagereka (eds.), *Step by Step*: *Essays on Minimalist Syntax in Honor of Howard Lasnik*, Cambridge, Massachusetts: MIT Press, 2000, pp. 89 – 155.

[④] N. Chomsky, "A Minimalist Program for Linguistic Theory", In Hale, Kenneth L. and S. Jay Keyser (eds.), *The View from Building* 20: *Essays in Linguistics in Honor of Sylvain Bromberger*, Cambridge, Massachusetts: MIT Press, 1993, pp. 1 – 52.

[⑤] C. Pollard, and I. A. Sag, "Information-Based Syntax and Semantics", Stanford CSLI lecture notes number 13, 1987.

者，由 Pollard 和 Sag（1987[①]，1994[②]）提出。它借鉴了计算机科学（数据类型理论和知识表示）等其他领域，并使用了索绪尔的符号概念，是一种高度词汇化的、基于约束的语法。它使用统一的形式主义，并以模块化的方式组织，因此对自然语言处理研究者很有吸引力。该语法包括传统语法概念之外的原则和词条。形式主义是建立在元理论的基础上的。这种语法认为，语言中的词汇不仅仅是一个条目列表，它本身具有复杂的结构。该理论的早期版本非常词汇化，很少有语法规则（模式）。最近的研究倾向于添加更多更丰富的规则，变得更像结构语法。

词汇功能语法是理论语言学中的一种基于约束的语法框架。它将句法结构分为两个层次，一个是词序和成分的短语结构语法表征，另一个是主语和宾语等语法功能表征，类似于依赖语法（Dependency Grammar）。词汇功能语法是由语言学家 Joan Bresnan 和 Ronald Kaplan 在 20 世纪 70 年代提出的，是对当时盛行的转换语法理论的回应，它主要关注句法，包括句法与词法和语义的关系。

构式语法（Construction Grammar）是语言学里的一个理论派系，认为人类语言是由构式（Construction）构成的，或由具有功能或意义的语言形式组成的。构式可以是独立的单词（如 orange）、语素（如 dis-, -less）、固定的表达和习语（如 in the long run）或者抽象的语法规则（如被动语态，"The table was destroyed yesterday."）。只要一种语言模式的形式或意义的某个方面不能从其组成部分或其他被公认存在的结构来预测，它们都可以被认为是一种构式。在构式语法中，每一句话都被理解为

[①] C. Pollard, and I. A. Sag, "Information-Based Syntax and Semantics", Stanford CSLI lecture notes number 13, 1987.

[②] C. Pollard, and I. A. Sag, *Head-Driven Phrase Structure Grammar*, Chicago: University of Chicago Press, 1994.

多种不同构式的组合，而这些构式共同规定了其确切的意义和形式。

构式语法最显著的特点之一是强调多词短语和习语作为语言的基本组成部分的重要性。一个典型的例子是谚语表达中的条件相关结构（比如 The bigger they come, the harder they fall.）（Sag, 2010）①。构式语法学家指出，这不仅仅是一个固定的短语，而是一个有固定模式的条件相关句式，并且几乎可以用任何比较短语来填充（例如，The quicker you walk, the earlier you will arrive.）。构式语法的倡导者认为，这种句型虽然特殊，但是在日常使用中很常见，而且它们通常被理解为一种多词、部分填充的结构。

二 句法移位理论的内容

移位是传统的句法转换手段。句法学家们认为，移位的目的主要是用来克服与填充词前置、主题化、外置、倒置和变动相关的结构上的不连续性。例如，

（1a） Tom has told Jane that Mike bought **the big detached house**.

（1b） **Which house** has Tom told Jane that Mike bought _____? ——WH - 前置

（2a） They decided to celebrate **Mike's Birthday** yesterday.

（2b） **Mike's Birthday** they decided to celebrate _____ yesterday. ——主题化

（3a） The earthquake **that everyone was afraid of** took place.

（3b） The earthquake _____ took place **that everyone was afraid of**. ——外置

---

① I. Sag, "English Filler-Gap Constructions", *Language*, Vol. 86, No. 3, 2010, pp. 486 - 545（CiteSeerX 10.1.1.138.2274/https: //doi：10.1353/lan.2010.0002）.

第三章 填充词—语缺依赖结构的处理

（4a） Tom **will** go to school on time.

（4b） **Will** Tom _____ go to school on time? ——倒置

（5a） Tom's mother picked up **the cake** on the way home.

（5b） Tom's mother picked **the cake** up _____ on the way home. ——变动

上面的几对句子中，a 句都使用了规范的语序，b 句则表现出句法移位的特点。粗体标记的单词是被移位的句子成分，而下划线空白处标记出移位发生的初始位置。每次移位都是为了集中或强调某种信息的表达。例如，（1a）中"the big house"是及物动词"buy"的宾语成分，而宾语的规范位置是在动词的右边。通过将该宾语作为 WH 表达式前置（1b），更新了句子要表达的焦点信息。

这些例句使用一个下划线空白来标记假定发生移动的位置。然而，空白（Blanks）只是表征移位现象的一种方式。另外两种方法是语迹（Trace）和复制（Copy）。早在 20 世纪 70 年时，乔姆斯基就已经在其倡导的转换语法中提出了语迹（Trace）的概念。采用语迹的表达，（1b）可以标识为，

（1b） Which house$_1$ has Tom told Jane that Mike bought t_1?

通过使用下标数字可以有助于反映出假定在其原来位置留下语迹的成分（用 t 标记）。表示移位的另外一个重要方式是复制。实际上，移位被认为是在不同的位置复制同一个成分的过程，删除所有情况下的语音特征。下面的例子中使用斜体表示该成份缺少语音方面的复制。

（1b） *Which house* has Tom told Jane that Mike bought *Which house*?

虽然每一种表示移位的方式（空白、语迹、复制）之间有着细微的差别，但在大多数情况下，每一种方式都有相同的目标，即表明结构上的不连续性。

三 移位的种类

在生成语法中,学者们不断识别出各种类型的移位。他们认为,两组重要的对立概念是论元移位（Argument-Movement 或者 A-Movement）与非论元移位（Non-Argument Movement 或者 A-Bar Movement）,以及短语（Phrase）与中心词（Head）的移位。

（一）论元移位与非论元移位的对立

在论元移位中,短语被移动到一个具有指定的固定语法功能的位置,例如被动句中将宾语移动到主语位置。

（1a）The headmaster organized a big conference last month.

（1b）A big conference was organized _____ (by the headmaster) last month.（论元移位）

相反,非论元移位将一个短语移到一个不具有固定语法功能的位置,例如将主语（Subject）或宾语（Object）在疑问句中移到动词前的位置。

（1a）Mike thinks Jane loves Tom.

（1b）Who do you think _____ loves Tom?（非论元移位）

（2a）Mike thinks Jane loves Tom.

（2b）Who do you think Jane loves _____?（论元移位）

论元移位与非论元移位这对概念的对立和区别就如同在语言学理论中句法学同词汇学的关系一样。这种区分提升了句法的作用：语态理论（主动与被动）完全在句法中进行探讨,而不是在词汇学中。如果我们坚持在词汇学中定位主动、被动语态差异的语言学理论（即被动语态并不是通过主动语态的转换而形成的）,就不会存在上述的区分。

（二）短语移位与中心词移位（Phrase Movement vs. Head Movement）

有关移位的另外一个划分是短语移位和中心词移位。短语移位发生时，整个短语都在移动，包括中心词和所有的从属词。以上大多数例子都涉及短语移位。与短语移位不同的是，中心词移位发生时，只有中心词发生移动，其从属词组并不参与移动，因此中心词同其从属成分之间产生了一定的距离。主体辅助语倒置（Subject Auxiliary Inversion）是中心词移位的典型例子，举例如下：

（1a）The president **has** finished the discussion with his cabinet about the coming election.

（1b）**Has** the president _____ finished the discussion with his cabinet about the coming election?

（2a）The policeman **will** search the building for the suspect of the killing.

（2b）**Will** the policeman _____ search the building for the suspect of the killing?

我们假设辅助词（Auxiliaries）"has"和"will"是短语的中心词。那么，以上各组例句里的 b 句是中心词移动的结果：辅助动词"has"和"will"向左移动，而短语的其余部分则留在了原来的位置上。短语移位和中心语移位之间的区别在很大程度上取决于移位是向左发生的基本假设。如果采用向右移动作为基本假设，那么就会产生相反的结论。

（1a）The president has finished the discussion with his cabinet about the coming election.

（1b）_____ Has the President finished the discussion with his cabinet about the coming election? （短语移位：作为主语的名词"the president"向右移动）

（2a）The policeman will search the building for the suspect of the killing.

（2b）_____ Will the policeman search the building for the

suspect of the killing?（短语移位：作为主语的名词"the policeman"向右移动）

对以上两组句子的分析过程显示，a句中作为主语的名词"the president"和"the policeman"在b句中向右移动，而不是将辅助动词向左移动。由于这些名词缺乏从属关系，也就是说，它们本身就有资格成为完整的短语，因此没有理由假设中心词移位。

四 移位过程的限制规则

自从句法移位理论首次被提出以来，该理论随即带来了一个新的研究领域，一种旨在提供移位过程中所需要遵循的各种规则的理论，即局部理论（Locality Theory）（Manzini，1992）[①]。局部理论对识别移位的障碍（Barrier）和孤岛（Island）有重要的作用，包括识别能够阻止某些移位过程发生的类别和规则。换言之，该理论解释了为什么某些移位并不会发生。举例如下：

（1a） You said that Mike bought a house before visiting the bank.

（1b） *Where did you say that Mike bought a house before visiting _____?（将地点补语"the bank"跨越两个句法节点向左移动到句首，属于违反语法规则的移位。）

（2a） Your argument for the delay is unreasonable.

（2b） *What is your argument for _____ unreasonable?（将名词短语"the delay"移出其所在的介词短语"for the delay"，通过填充词"What"移位到句首，属于违反语法规则的移位。）

（3a） Jack borrowed Mary's clothes.

（3b） *Whose did Jack borrow _____ clothes?（将名词

[①] M. R. Manzini, *Locality: A Theory and Some of its Empirical Consequences*, Cambridge, MA: MIT Press, 1992.

第三章 填充词—语缺依赖结构的处理

"clothes"的限制语"Mary's"移出其所在的名词短语结构，通过填充词"Whose"移位到句首，属于违反语法规则的移位。）

学者们认为，局部限制（Locality Constraints）是移位过程中遵循的规则，防止各种非语法句子的产生。附加语和主语是阻碍移位的岛屿；名词短语（NP）中的左分支是阻止名词前修饰语从其管辖的短语结构中移走的屏障。

句法移位的理论到现在仍然具有争议。承认特征传递（Feature Passing）的句法理论直接拒绝句法移位的概念，即拒绝承认一个特定的被"移动"的成分会出现在其表层结构中的"初始"（Base）位置，即空白、语迹或副本（Blanks, Traces, Copies）标记的位置。相反，他们提出的语法只有一个层次，而所有成分只出现在它们的表层结构中，没有深层结构或派生结构。为了解释句子结构的不连续性，他们假设被移动的句子成分的特征会在该成分和它的管理者之间的句法层次中上下传递。下面的树形图说明了依赖语法（Dependency Grammar）中不连续结构成分的特征传递。

What did Mike think that Tom said Mary wanted to do?

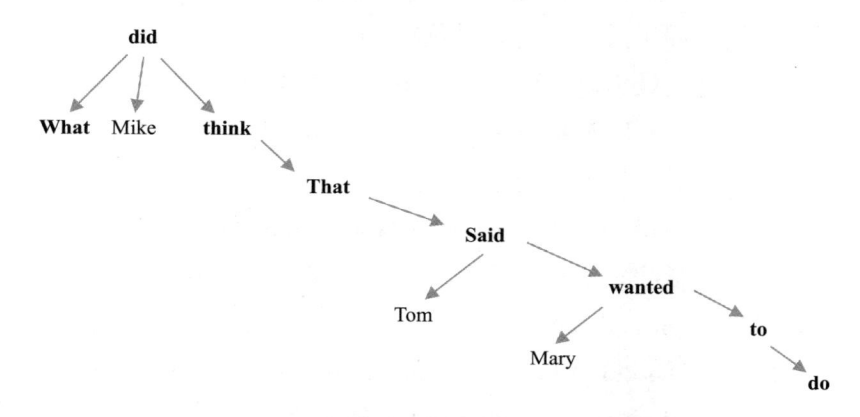

图 3-1　依赖语法中不连续结构成分的特征传递

上面的例子中，带箭头的树形图表示连接移位的前置词"what"与其支配动词"do"之间的特征传递过程，从而决定句中出现的各个句子成分的形式。局部限制理论基本的假设是与前置词"what"相关联的特征信息（例如名词、直接宾语等）沿着树形图中的分支上下传递。通过这种方式，动词"do"能够为直接宾语进行子范畴化（Subcategorization）。

第二节 语迹和语缺

一 语迹

如上所述，不连续性的句法移位分析常常假定语迹（Trace）的存在。语迹是在一个位置上留下的痕迹。在这个位置上，被移动的成分出现在语法的某个深层或派生的节点上，然后才是表层语法。因此，为了代替被移位的成分在初始位置留下的空白，学者们普遍使用语迹 t（Trace）来表示。例如，

(a) Tom likes buying *classic cars* for his family.

(b) What does Tom like to buy t for his family?

语迹主要应用在乔姆斯基的转换语法及其各种引申出的理论中。它们不同于其他的空句法范畴。

有关语迹最为著名的例子是 wanna 的收缩结构。将动词不定式结构"want to"变成其收缩形式"wanna"在某些情况下是允许的，而在其他情况下是不允许的。

(1a) Mike wanted to/wanna talk with his classmate for the new assignment.

(1b) Who did Mike want to talk with t for the new assignment?

(1c) Who did Mike wanna talk with for the new assignment?

(2a) Mike wanted/wanna Jack to resign.

(2b) Who does Mike want t to resign?

（2c）*Who does Mike wanna resign?

上面的例子中，（1a）和（2a）位含有"want to/wanna"的陈述句结构。（1b）和（1c）将动词短语"talk with"的宾语变为WH短语并移位到句首，而（1c）中的移位是允许的句法变化。（2b）和（2c）将动词"want"的宾语变为WH短语并移位到句首；（2c）中的移位是不被允许的句法变化。解释这种差异的一种方法是，假设在（2c）中WH短语移位后留下的语迹阻止了want和to的收缩。如果没有语迹，也不可能得到这个解释。支持非转换生成语法的语言学家对基于wanna收缩解释的有效性提出了质疑（Sag，2010）[①]。例如，考虑到尽管存在语迹，其他类型的收缩仍然是可能的。看下面三组例子。

（1a）What does Mike *think t* is under the table?

（1b）What does Mike *think's* under the table?

（2a）What does Mike *think t* will be served for dinner?

（2b）What does Mike *think'll* be served for dinner?

（3a）What does Mike *imagine t* has caused his pain?

（3b）What does Mike *imagine's* caused his pain?

上面三组例子中，WH短语移位之后，尽管语迹存在于动词和辅助动词之间，但是二者的收缩是被允许的。这表明，"wanna"不是通过收缩转化而来的，而是它本身就是一个独立的词汇，并且对管辖内的不定式进行了子范畴化。"wanna"结构类似于其他类型的收缩结构，例如"aren't"和"isn't"。仔细追究的话，它们都不是经过转化派生出来的，其本身就是独立的词汇单位。

二 "语缺"的句法概念

"语缺"的概念与"语迹"在本质上是一致的，指的是语言

[①] I. Sag, "English Filler-Gap Constructions", *Language*, Vol. 86, No. 3, 2010, pp. 486–545（CiteSeerX 10.1.1.138.2274/https：//doi：10.1353/lan.2010.0002）.

中存在一种特殊的结构,其中动词的论元从其原来的位置移动到句子中的另一个位置,与动词之间有一定距离(通常在其左边)。例如,(1a)是一个陈述句,名词短语"a nice car"出现在动词"buy"之后,是宾语的规范位置。而在疑问句(1b)中,该名词短语被 WH 短语所替代,并出现在句子的初始位置,而动词后面留下一个空隙。

(1a) Mike bought a nice car last week.

(1b) What did Mike buy t yesterday?

在疑问句、关系从句、话题化(Topicalization)和焦点构建(Focus Constructions)结构中都存在这种移位现象。这个空隙在生成语法中被称为"语迹",也叫语缺。在心理语言学文献中,移位的 WH 短语被称为填充词(Filler),其典型位置是语缺(Gap,通常以 t 来进行标记)。这种结构为句法分析机制提出了具有挑战性的问题,即在实时句子处理过程中,语法是如何在句子分析机制中实现的。由于语缺是句子表层形式的空范畴(Empty Categories),因此它们在语音上不存在具体形式,必须通过推断得出。这就为句法实时分析提出了一个问题,即使用什么样的策略来定位语缺。

因此,许多关于这种填充词—语缺依赖结构的研究一直试图找出,人们在实时处理过程中如何将填充词与其对应的语缺联系起来。这类研究大多遵循生成语法(Generative Grammar)的方法,如原则和参数(Principles and Parameters)框架,并从 WH-Traces [t] 的角度分析关系从句和特殊疑问句。

原则和参数是生成语言学中的一个理论框架,主要由语言学家乔姆斯基(1981)[①] 提出。许多语言学家都在这个理论框架内

---

① N. Chomsky, *Lectures on Government and Binding: The Pisa Lectures*, Mouton de Gruyter, 1981.

进行过研究，原则和参数曾一度被认为是生成语言学的主要形式。在这个框架内，自然语言的语法根据一般原则（即抽象规则或语法）和特定参数（即标记）来描述，对于特定的语言，这些参数可以设置为开或关。例如，短语中心词的位置由一个参数决定。一种语言是中心词前置（Head-Initial）语言还是中心词后置（Head-Final）语言被视为一个参数。对于特定的语言，这个参数或者是开或者是关（即英语是中心词前置语言，而日语是中心词后置语言）。例如，在原则和参数框架下，（1b）中的语缺［t］被视为填充词原始位置的（不可见的）表层标记。

不同的语言理论对于填充词—语缺结构的依赖方式有不同的解释，即在提取的语法分析中是否要假设语音上的空成分（即语缺）（Marinis et al., 2005）[①]。在一些对语缺的解释中，被移动位置的WH短语（先行词）与语缺位置代表的空范畴形成一个语法依赖，因此只间接地与它的子范畴相关。这是根据Gazdar (1981)[②] 的非转换广义短语结构语法（Generalized Phrase Structure Grammar，GPSG）以及乔姆斯基生成语法提出的观点。

广义短语结构语法（GPSG）是描述自然语言语法和语义的框架。它是一种基于约束的短语结构语法，首先定义那些特定的违反语法规则为非语法结构，并假设所有未被排除的结构在该语言中都是符合语法的。短语结构语法的框架建立在等级关系的基础上，认为句子中的词语是按顺序排列的，而有些词占主导地位。例如，在句（1）中，"resigned"被看作是支配"The president"的，因为它是句子的主要焦点。这种观点与依赖语法形成

[①] T. Marinis, L. Roberts, C. Felser, and H. Clahsen, "Gaps in Second Language Sentence Processing", *Studies in Second Language Acquisition*, No. 27, 2005, pp. 53 – 78.

[②] G. Gazdar, "Unbounded Dependencies and Coordinate Structure", *Linguistic Inquiry*, No. 12, 1981, pp. 155 – 184.

对比，因为依赖语法的假定结构是基于句子中单个词（句首）与其依存词之间的关系。

（1）The president resigned.

同样地，根据乔姆斯基（1995）① 的移动复制理论，填充词—语缺依赖中涉及的空范畴 t 是一个无声但完全相同的复制。

然而，一些句法框架，包括中心词驱动短语结构语法（Head-Driven Phrase Structure Grammar，HPSG），认为移位元素直接与其词汇子范畴（Lexical Subcategorizer）（Pollard & Sag，1994②；Fodor，1995③）发生关联，因此是一个完全否认语缺存在的理论。

第三节 "语缺"的概念在语法学上的心理现实性

如上面我们提到的，语言家们就有关语缺这一语法概念是否存在的问题展开了激烈的争论。这种争论同样蔓延到了心理语言学领域。学者们探讨了填充词与语缺之间是否存在依赖性，以及这种依赖关系如何被处理的问题，并提出了不同的假设。争论的核心问题是，填充词同其支配动词之间的整合过程是由涉及空范畴（Empty Category）的句法依赖性驱动，还是纯粹由词汇驱动，由潜在的子范畴（Subcategorizer）触发。这两种假说分别被称为语迹再激活假说（Trace Reactivation Hypothesis，TRH）和直接关联假说（Direct Association Hypothesis，DAH）。

---

① N. Chomsky, *The Minimalist Program*, Cambridge, Massachusetts: MIT Press, 1995.

② C. Pollard, and I. A. Sag, *Head-Driven Phrase Structure Grammar*, Chicago: University of Chicago Press, 1994.

③ J. D. Fodor, "Comprehending Sentence Structure", In L. R. Gleitman, & M. Liberman (eds.), *Language: An Invitation to Cognitive Science*, Cambridge, MA: MIT Press, 1995, pp. 209–246.

第三章 填充词—语缺依赖结构的处理

语迹再激活假说,假设填充词整合过程(Filler Integration)是由被称为"语迹"的空句法范畴(Chomsky, 1981[1], 1995[2])来引导的。它是句法分析过程中语法表征构建的一个重要组成部分。因此,人们实时理解包含填充词—语缺依赖关系的句子时,头脑中的句法分析机制会计算出语法空范畴的痕迹(Nicol & Swinney, 1989)[3]。该假设声称当句法分析机制识别出潜在的句法语缺时,无论其词法子分类标识的位置如何,都会从工作存储器中检索或重新激活填充词。

直接关联假说假定填充词与其句法语缺的整合是一个词汇驱动的过程,由次分类器参数结构的自动心理重建触发(Pickering, 1993[4]; Pickering & Barry, 1991[5])。因此,被移位的填充词直接同它们的词汇子分类器发生关联。在此过程中,语义信息被整合到子分类器的参数结构或主题网格中。

Fodor(1993[6], 1995[7])指出,语法中的句法语缺的心理现实性问题很难用通常的语言学论证和方法解决。如果人类语法分析机制同心理语法(Mental Grammar)有一个"透明"(Transparent)的关系,那么我们就可以从心理语言学句子处理的实验研

---

[1] N. Chomsky, *Lectures on Government and Binding: The Pisa Lectures*, Mouton de Gruyter, 1981.

[2] N. Chomsky, *The Minimalist Program*, Cambridge, Massachusetts: MIT Press, 1995.

[3] J. L. Nicol, and D. Swinney, "The Role of Structure in Coreference Assignment During Sentence Comprehension", *Journal of Psycholinguistic Research*, No. 18, 1989, pp. 5 – 20.

[4] M. J. Pickering, "Direct Association and Sentence Processing: A Reply to Gorrell and to Gibson and Hickok", *Language and Cognitive Processes*, No. 8, 1993, pp. 163 – 196.

[5] M. Pickering, and G. Barry, "Sentence Processing Without Empty Categories", *Language and Cognitive Processes*, No. 6, 1991, pp. 229 – 259.

[6] J. D. Fodor, "Processing Empty Categories: A Question of Visibility", In G. Altmann, & R. Shillcock (eds.), *Cognitive Models of Speech Processing: The Second Sperlonga Meeting*, Hove: Erlbaum, 1993, pp. 351 – 400.

[7] J. D. Fodor, "Comprehending Sentence Structure", In L. R. Gleitman, & M. Liberman (eds.), *Language: An Invitation to Cognitive Science*, Cambridge, MA: MIT Press, 1995, pp. 209 – 246.

究中获益（Berwick & Weinberg，1984）①。

  然而，我们很难从实证研究的角度对诸如英语这样的中心词前置语言（Head Initial Language）进行分析来区分语迹再激活假说和直接关联假说。因为许多心理语言学研究都集中在一种填充词—语缺依赖结构上，而这种结构探讨动词的直接宾语，理论上的语缺位于次范畴化动词之后，比如在"What did Mike buy *t* yesterday."句子中的 *t*。

  正因为如此，Fodor（1993）②、Sag & Fodor（1995）③ 和 Pickering（1993④，1994⑤）指出，通过在线阅读任务研究语缺处理的实验方法可能是在考察语义处理而不是句法加工。在处理诸如（"What did Mike buy *t* yesterday?"）这样的句子时，理解者必须将填充词解释为原始动词结构的宾语。承认语缺存在的理论家认为，语缺和动词之间的联系是通过语缺作为中介建立起来的；否认语缺存在（Gapless）的理论家认为，语缺和动词之间的联系与语缺的中介作用无关（Lee，2004）⑥。

  正如 Lee（2004）⑦ 所指出的，许多心理语言学研究的实验结果都涉及同一种填充词—依赖结构，即被移位成分紧随词汇子

---

  ① R. Berwick, and A. Weinberg, *The Grammatical Basis of Linguistic Performance: Language Use and Acquisition*, Cambridge: MIT Press, 1984.

  ② J. D. Fodor, "Processing Empty Categories: A Question of Visibility", In G. Altmann, & R. Shillcock (eds.), *Cognitive Models of Speech Processing: The Second Sperlonga Meeting*, Hove: Erlbaum, 1993, pp. 351-400.

  ③ I. A. Sag, and J. D. Fodor, "Extraction Without Traces", In R. Aranovich, W. Byrne, S. Preuss, & M. Senturia (eds.), *Proceedings of the* 13*th Annual Meeting of the West Coast Conference on Formal Linguistics*, Stanford, CA: CSLI Publications, 1995, pp. 365-384.

  ④ M. J. Pickering, "Direct Association and Sentence Processing: A Reply to Gorrell and to Gibson and Hickok", *Language and Cognitive Processes*, No. 8, 1993, pp. 163-196.

  ⑤ M. J. Pickering, "Processing Local and Unbounded Dependencies: A Unified Account" *Journal of Psycholinguistic Research*, No. 23, 1994, pp. 323-352.

  ⑥ M. W. Lee, "Another Look at the Role of Empty Categories in Sentence Processing (And Grammar)", *Journal of Psycholinguistic Research*, No. 33, 2004, pp. 51-73.

  ⑦ Ibid.

第三章 填充词—语缺依赖结构的处理

范畴（Lexical Subcategorizer）之后。这些研究的结果受到质疑，因为它们可以被解释为句法分析机制在遇到子范畴时在子范畴和填充词之间所形成的直接关联，而不是动词之后的语缺假设以及语缺和填充词的整合。为了确认句法语缺在句子加工中的作用，研究者必须在一个假设的语缺位置获得一个实验效果，而这个效果不能用填充词和词汇子分类器之间的直接联系来解释。

支持母语句子加工中语迹再激活假设的研究证据主要来自对日语等动词后置（Verbal Final）语言的研究（Nakano, Felser, Clahsen, 2002）[1]，以及对间接宾语依赖加工的研究（Felser & Roberts, 2007）[2]、主语关系从句（Lee, 2004）[3]或跨越多个子句的依赖关系的研究（Gibson & Warren, 2004[4]; Marinis et al., 2005[5]）。这些研究表明，成人在使用自己的母语时，在句法分析过程中确实假设了句法上定义的语缺，这支持了语迹再激活假说。

总的来讲，通过各种心理语言学实验，填充词—语缺依赖结构的语缺解释和语迹再激活假说已经得到了大量的实验证实。普遍被接受的理论是名词短语（NP）移位之后在语缺的位置留下一个没有语音标记的空隙或者语迹（Trace）（Chomsky, 1981）[6]，

---

[1] Y. Nakano, C. Felser, and H. Clahsen, "Antecedent Priming at Trace Positions in Japanese Long-Distance Scrambling", *Journal of Psycholinguistic Research*, No. 31, 2002, pp. 531–71.

[2] C. Felser, and L. Roberts, "Processing *WH*-Dependencies in a Second Language: A Cross-Modal Priming Study", *Second Language Research*, No. 23, 2007, pp. 9–36.

[3] M. W. Lee, "Another Look at the Role of Empty Categories in Sentence Processing (And Grammar)", *Journal of Psycholinguistic Research*, No. 33, 2004, pp. 51–73.

[4] E. Gibson, and T. Warren, "Reading-Time Evidence for Intermediate Linguistic Structure in Long-Distance Dependencies", *Syntax*, No. 7, 2004, pp. 55–78.

[5] T. Marinis, L. Roberts, C. Felser, and H. Clahsen, "Gaps in Second Language Sentence Processing", *Studies in Second Language Acquisition*, No. 27, 2005, pp. 53–78.

[6] N. Chomsky, *Lectures on Government and Binding: The Pisa Lectures*, Mouton de Gruyter, 1981.

用 t 表示。此外，该假设认为语缺与先行词（或者填充词，WH 短语）相关联。在这类句子的在线处理过程中，先行词在语缺或空隙的位置被迅速激活，从而使主题角色得到恰当地分配。

第四节 语缺处理的理论模型

一 Pritchett 的句法分析理论

前面我们提到，语法和句法分析机制之间的关系近几十年来一直是生成语言学以及心理语言学领域中争论激烈的话题。Carlson & Tanenhaus（1989）① 在其对实地语言处理（Field Lanugage Processing）研究回顾中指出，尽管生成语法理论和心理语言学之间的关系有时并不十分容易把握，但对实时句子处理的研究清楚地表明，语言材料的听者或读者能够快速获得句法、语义以及语用知识，并用这些信息将进入大脑的单词整合到一个不断发展深化中的深层表征里。现在，人们普遍认为，以英语为母语的人会逐步分析听到或者读到的句子；也就是说，他们不会等所有单词都输入完毕再创建一个表征（Representation），而是在构建的结构中即时为每个单词指定一个位置（Juffs，2005）②。

这种说法的核心在于，在句子的实时处理中人们所听到或读到的每个单词都会影响正在构建的语言结构。因此，将这一思想融入句法分析理论是十分必要的。这样，如果采用形式语法来描述对一组语言符号的操作，我们就有必要决定选择使用哪一组符

---

① G. N. Carlson, and M. K. Tanenhaus, Introduction, In G. N. Carlson & M. K. Tanenhaus (eds.), *Linguistic Structure in Language Processing*, Dordrecht, The Netherlands: Kluwer, 1989, pp. 1–26.

② A. Juffs, "The Influence of First Language on the Processing of *WH*-Movement in English as a Second Language", *Second Language Research*, No. 21, 2005, pp. 121–151.

第三章 填充词—语缺依赖结构的处理

号来描述处理行为。选择可以是一个原则和参数语法（Principle and Parameter Grammar），或者是最简方案（Minimalist Program）（Chomsky，1995）①，或其他句法理论。

Prichett（1992）② 提供了这样一个基于原则和参数框架的句法解析框架（Chomsky，1981③，1986④）。该框架是一种基于原则的自动句法处理方法。该理论认为，当一个句子被构建时，语法的每一个原则都会尽早得到满足："句法分析是整体语法原则的局部应用。"（Pritchett，1992）⑤ 该框架概括为广义 Theta 附着（General Theta Attachment，GTA）和 Theta 再分析约束（Theta Renanlysis Constraint，TRC）。

广义 Theta 附着（GTA）指出，句法的每一个原则都试图最大限度地满足在句法分析过程中的每一步（Pritchett，1992）⑥。

Theta 再分析约束（TRA）指出，句法再次分析将 Theta 标记成分重新解释为当前 Theta 域之外的成分非常耗费处理资源（Pritchett，1992）⑦。

这两个原则意味着，当每个单词经过分析处理机制时，每个局部字符串都被最大限度地授权；也就是说，分析处理机制试图从可用的输入中形成完整的解释，语法框架中的所有原则，例如，Theta 附着（Theta Attachment）、格（Case）和约束（Binding）等，与每一个进入分析机制的新词都会尽可能快地被满足

---

① N. Chomsky, *The Minimalist Program*, Cambridge, Massachusetts: MIT Press, 1995.
② B. L. Pritchett, *Grammatical Competence and Parsing Performance*, Chicago: University of Chicago Press, 1992.
③ N. Chomsky, *Lectures on Government and Binding: The Pisa Lectures*, Mouton de Gruyter, 1981.
④ N. Chomsky, Barriers. *Linguistic Inquiry Monograph* 13, MIT Press, 1986.
⑤ B. L. Pritchett, *Grammatical Competence and Parsing Performance*, Chicago: University of Chicago Press, 1992.
⑥ Ibid.
⑦ Ibid.

(Juffs & Harrington，1996)①。因此，句法分析机制一直在根据语法原则检查并在必要时更新它分配给输入字符串的语法结构。

　　Pritchett 的句法分析框架中处理机制的核心是 Theta 标准和从句中动词的子范畴化框架（Juffs，1998)②。根据标准的管辖和约束（Government and Binding）理论，动词的词汇条目包含一个 Theta 网格，包含关于动词所需参数的数量和关于它们的语义信息的内容。例如，这些论元是否是一个代理（Agent，"行动的执行者"）、一个主题（Theme，"正在进行动作的实体"或"移动到某个地方"）等等。例如：

(1a) The policeman questioned the suspect in detail.

(1b) The policeman arrived in the police station.

　　(1a) 中的动词"question"在处理机制中具有其特定的词条："询问"[代理（Agent），主题（Thematic）]。句法连接规则将代理映射到句法主语位置，主题映射到句法宾语位置，保证了语义和句法的正确对应。当遇到动词"question"时，语法分析机制需要一个宾语[名词短语（NP）]，因为动词"question"的参数结构既需要作为外部"代理"的参数又需要作为内部的"主题"参数。

　　在（1b）中，句法分析机制会允许一个状语短语来修饰动词，但不允许动词后面接宾语（NP），因为"arrive"是一个非宾语动词，它只选择一个内部论元（Argument），一个主题（Theme），并将这个主题提升到句子的主语位置。

　　近年来，一些第二语言句子处理研究采用了 Pritchett 的框架。这里有三个原因。第一，正如 Gorrell（1995）③ 所指出的那样，

---

① A. Juffs, and M. Harrington, "Garden-Path Sentences and Error Data in Second Language Processing Research", *Language Learning*, No. 46, 1996, pp. 286 – 324.

② A. Juffs, "Main Verb VS. Reduced Relative Clause Ambiguity Resolution in Second Language Sentence Processing", *Language Learning*, No. 48, 1998, pp. 107 – 147.

③ P. Gorrell, *Syntax and Parsing*, Cambridge：CUP, 1995.

Pritchett（1992）① 是第一个在形式化句法分析理论中使用原则和参数方法的人。虽然其他相关理论已经有所发展，但是这个框架仍然具有影响力。第二，在这个框架中所进行的研究发现可以很容易地同在原则和参数框架中所进行的其他第二语言习得研究发生关联（Juffs，1998）②。第三，Pritchett（1992）③ 的框架在先前的第一语言和第二语言实时处理研究中都被证明是有作用的（Juffs & Harrington，1995④，1996⑤）。

二 主动填充假设

以往在填充词—语缺依赖结构处理方面的许多研究都采用了提取的转换生成分析（Transformational Analysis），认为WH短语结构的处理涉及被移位的WH短语（填充词）及其语缺（或语迹/空隙，Trace）（Lee，2004）⑥。在基于原则和参数框架（Chomsky，1981⑦，1986⑧）的研究中，学者声称空范畴（Empty Categories）或句法语缺（Syntactic Gaps）与单词具有相同的地位，因为它们也必须在所构建的结构中指定一个位置（Bever &

---

① B. L. Pritchett, *Grammatical Competence and Parsing Performance*, Chicago：University of Chicago Press, 1992.

② A. Juffs, "Main Verb VS. Reduced Relative Clause Ambiguity Resolution in Second Language Sentence Processing", *Language Learning*, No. 48, 1998, pp. 107 - 147.

③ B. L. Pritchett, *Grammatical Competence and Parsing Performance*, Chicago：University of Chicago Press, 1992.

④ A. Juffs, and M. Harrington, "Parsing Effects in Second Language Sentence Processing: Subject and Object Asymmetries in *WH*-Extraction", *Studies in Second Language Acquisition*, No. 17, 1995, pp. 483 - 516.

⑤ A. Juffs, and M. Harrington, "Garden-Path Sentences and Error Data in Second Language Processing Research", *Language Learning*, No. 46, 1996, pp. 286 - 324.

⑥ M. W. Lee, "Another Look at the Role of Empty Categories in Sentence Processing (And Grammar)", *Journal of Psycholinguistic Research*, No. 33, 2004, pp. 51 - 73.

⑦ N. Chomsky, *Lectures on Government and Binding：The Pisa Lectures*, Mouton de Gruyter, 1981.

⑧ N. Chomsky, *Barriers*, Linguistic Inquiry Monograph 13, MIT Press, 1986.

McElree，1988①；Stowe，1986②）。

　　一个语法上错位的成分（比如"What did you watch yesterday in the theatre?"中的 WH 短语）会给句子处理过程带来特殊的挑战。这里有两个原因可以解释。首先，句法上被移位的成分（或"填充词"）必须暂时存储在工作记忆中，并且直到它可以连接到其子范畴（Subcategorizer）或其他结构控制点（Marinis et al.，2005）③才可以释放。这种情况会导致处理成本随着距离的增加而增加（Gibson，1998）④。其次，由于句法语缺不存在于语言输入的表层表征中，我们只能间接推断其存在和结构位置。一旦句子处理机制发现一个空白，就必须从工作记忆中提取填充词，并与其子范畴整合，以确保对语言输入的连贯解释（Clahsen & Felser，2006a）⑤。

　　当临时将填充词保留在短期存储器中所引起的处理成本随着填充词跟与其相关语缺之间距离的增加而增加时（Gibson，1998⑥），人工句子处理机制通常会尝试在句法分析过程中寻找尽可能早的语法点将填充词进行语法上的整合。一些研究证实了这一说法（King & Kutas，1995）⑦。这些研究调查了成年人如何处

---

① T. G. Bever, and B. McElree, "Empty Categories Access their Antecedents During Comprehension", *Linguistic Inquiry*, No. 19, 1988, pp. 35 – 43.

② L. Stowe, "Parsing WH-Constructions: Evidence for Online Gap Location", *Language and Cognitive Processes*, No. 1, 1986, pp. 227 – 245.

③ T. Marinis, L. Roberts, C. Felser, and H. Clahsen, "Gaps in Second Language Sentence Processing", *Studies in Second Language Acquisition*, No. 27, 2005, pp. 53 – 78.

④ E. Gibson, "Linguistic Complexity, Locality and Syntactic Dependencies", *Cognition*, No. 68, 1998, pp. 1 – 76.

⑤ H. Clahsen, and C. Felser, "Grammatical Processing in Language Learners", *Applied Psycholinguistics*, No. 27, 2006a, pp. 3 – 42.

⑥ E. Gibson, "Linguistic Complexity, Locality and Syntactic Dependencies", *Cognition*, No. 68, 1998, pp. 1 – 76.

⑦ J. W. King, and M. Kutas, "Who Did What and When? Using Word-and Clause-Level ERPs to Monitor Working Memory Usage in Reading", *Journal of Cognitive Neuroscience*, No. 7, 1995, pp. 376 – 395.

理自己母语中含有句法位移成分的句子，尤其针对填充词—语缺依赖性问题展开研究。结果发现，当被试在母语句子处理中遇到填充词时（比如在处理"Who did Tom tell you bought the house?"时），他们的句法分析机制试图在解析过程中寻找尽可能早的语法点来整合填充词。也就是说，在前面的例子中，"Who"会被优先分析为"tell"的间接宾语，而不是"bought"的主语。

换句话说，这些研究表明，当一个句子逐词进入大脑时，句法分析机制会主动地预测其潜在的语缺位置（填充词驱动的句法分析，Filler-Driven Parsing）（Crain & Fodor, 1985[①]；Frazier, 1987[②]；Stowe, 1986[③]），而不是在语缺位置确定之前消极地等待空论元位置的识别（语缺驱动的句法分析，Gap-Driven Parsing）（Jackendoff & Culicover, 1971[④]；Wanner & Maratsos, 1978[⑤]）。例如在下列一组句子中，

(1a) Tom wanted to know if John will take us home to Mary's at New Year.

(1b) Tom wanted to know who John will bring us home to *t* at New Year.

Stowe（1986）[⑥] 观察到（1b）中嵌入动词的直接宾语位置存

[①] S. Crain, and J. D. Fodor, "Natural Language Parsing: Psychological, Computational and Theoretical Perspectives", *How Can Grammars Help Parsers?* Cambridge: CUP, 1985, pp. 95 - 128.

[②] L. Frazier, "Attention and Performance—The Psychology of Reading", *Sentence Processing: Review*, Hillsdale. NJ: Erlbaum, Vol. XII, 1987, pp. 559 - 586.

[③] L. Stowe, "Parsing *WH*-Constructions: Evidence for Online Gap Location", *Language and Cognitive Processes*, No. 1, 1986, pp. 227 - 245.

[④] R. Jackendoff, and P. Culicover, "A Reconsideration of Dative Movement", *Foundations of Language*, No. 7, 1971, pp. 392 - 412.

[⑤] E. Wanner, and M. Maratsos, "An ATN Approach to Comprehension", In M. Halle, J. Bresnan, & G. A. Miller (eds.), *Linguistic Theory and Psychological Reality*, Cambridge, MA: MIT Press, 1978, pp. 119 - 161.

[⑥] L. Stowe, "Parsing *WH*-Constructions: Evidence for Online Gap Location", *Language and Cognitive Processes*, No. 1, 1986, pp. 227 - 245.

在填充词—语缺效应。这反映在代词"us"在 WH 短语前置的条件下的阅读时间要慢于不涉及 WH 短语移位的控制条件（1a）。如果句法解析机制在遇到及物动词"take"时立即在（1b）中主动搜索直接宾语语缺位置，然后在发现代词"us"在直接宾语位置时遇到处理上的逻辑困难，则会出现这种情况。总之，上述的观点认为，我们的句法分析机制在处理填充词—语缺依赖结构时，会尽可能快地解决二者之间的连接问题。这一理论被称为主动填充假设（Active Filler Hypothesis）（Clifton & Frazier, 1989①）或最小链原理（Minimal Chain Principle）（De Vincenzi, 1991②）。

Clifton & Frazier（1989）③ 将主动填充假设称为一种主动填充策略（Active Filler Strategy, AFS）：当一个填充词（WH 短语组成的先行词）在一个非论元的位置上被识别，如在补足语（Complementizer）的位置上时，句法分析机制会优先寻找与其相对应的句法语缺，而不是识别某个特定的词汇短语。主动填充策略理论认为，一旦句法分析机制识别出一个填充词，解析器就会在短语结构不断展开的过程中所遇到的第一个可能的结构位置为它设置一个空隙（语缺）。解析器对空隙的主动搜索有时会导致花园路径效应的产生，因为解析器计算出的空隙的位置被其他词组短语所占据。最为重要的是，主动填充策略关注的是尽快识别语缺位置并建立依赖关系。

主动填充策略被当前许多解析模型所吸收（例如 Gibson,

---

① C. Clifton. Jr, and L. Frazier, "Comprehending Sentences with Long-Distance Dependencies", In G. N. Carlson & M. K. Tanenhaus（eds.）, *Linguistic Structure in Language Processing*, Dordrecht, The Netherlands: Kluwer, 1989, pp. 273 – 317.

② M. De Vincenzi, "Filler-Gap Dependencies in a Null-Subject Language: Referential and Nonreferential WHs", *Journal of Psycholinguistic Research*, No. 20, 1991, pp. 197 – 213.

③ C. Clifton. Jr. , and L. Frazier, "Comprehending Sentences with Long-Distance Dependencies", In G. N. Carlson & M. K. Tanenhaus（eds.）, *Linguistic Structure in Language Processing*, Dordrecht, The Netherlands: Kluwer, 1989, pp. 273 – 317.

Hickok & Shutze，1994[①]；Pritchett，1992[②]），甚至与完全否认语迹心理真实性的模型兼容（Pickering，1994[③]；Pickering & Barry，1991[④]）。它反映了句子处理的一般性质，Just，Carpenter & Woolley（1982）[⑤] 将其称为直接性假设（Immediacy Hypothesis）。在实时处理过程中，句法分析机制试图以尽可能递增的方式解释语言资料的输入。

[①] E. Gibson，G. Hickok，and C. T. Shutze，"Processing Empty Categories：A Parallel Approach"，*Journal of Psycholinguistic Research*，No. 23，1994，pp. 381 – 405.

[②] B. L. Pritchett，*Grammatical Competence and Parsing Performance*，Chicago：University of Chicago Press，1992.

[③] M. J. Pickering，"Processing Local and Unbounded Dependencies：A Unified Account"，*Journal of Psycholinguistic Research*，No. 23，1994，pp. 323 – 352.

[④] M. Pickering，and G. Barry，"Sentence Processing Without Empty Categories"，*Language and Cognitive Processes*，No. 6，1991，pp. 229 – 259.

[⑤] M. Just，P. Carpenter and J. Woolley，"Paradigms and Processes in Reading Comprehension"，*Journal of Experimental Psychology：General*，No. 111，1982，pp. 228 – 238.

第四章　第二语言句子处理相关理论

已有几十年历史的第一语言句子处理的研究揭示了主流的第二语言习得研究中被忽视的方面。多年来，第二语言习得的研究主要集中在词汇、词法、句法等方面，而忽略了第二语言学习者如何实时处理目标语输入。然而，输入加工在语言习得过程中具有十分重要的意义。如果第二语言习得理论没有将句子加工理论融入其体系框架中，那么第二语言习得理论是不完整的。第二语言加工研究对第二语言习得理论和研究具有十分重要的意义。

本章首先概述句子处理研究对第二语言习得研究的意义，然后简要回顾第二语言句子处理的理论模型。最后讨论前人对第二语言句子加工的研究，包括第二语言结构歧义消解和第二语言填充词—语缺依赖加工的研究。

第一节　第二语言句法处理与第二语言习得研究的关系

以往对第二语言习得的研究主要集中在对学习者语言知识的调查上，如对第二语言词汇、词法以及句法知识的调查（Wil-

第四章 第二语言句子处理相关理论

liams, Möbius & Kim, 2001)[①]。例如,对第二语言学习者句法习得的研究主要集中在第二语言学习者是否能够获得母语者所拥有的句法知识。这是由对句子语法性的直觉所表明的,而能否获得这些知识则取决于学习者的母语语法的特点。在普遍语法框架中,问题是学习者是否可以将参数重置为第二语言中不同于母语的参数值。在这样的研究传统中,当一个语法结构被证明是习得而来时,一般认为对于这一语法结构的习得没有其他有趣的问题可以提出(Williams et al., 2001)[②]。因此,在第二语言习得的研究中,有些学者(White, 2003[③])认为,要理解成人第二语言习得,就必须有相应的理论水平。

在句子的实时处理过程中,当第二语言学习者将语法角色分配给语言输入时,他们需要了解目标语言的语法规则和约束条件。然而,与此同时,成功的语法习得需要有适当的机制来处理语言输入(Fodor, 1998a[④], 1998b[⑤], 1999[⑥]; Valian, 1990[⑦])。这一有趣的习得悖论对第一语言习得及第二语言习得的研究者们都提出了挑战,这也意味着,我们现有的有关语言学习者语法发展

[①] J. Williams, P. Möbius, and C. Kim., "Native and Non-Native Processing of English WH-Questions: Parsing Strategies and Plausibility Constraints", *Applied Psycholinguistics*, No. 22, 2001, pp. 509–540.

[②] Ibid.

[③] L. White, *Second Language Acquisition and Universal Grammar*, New York: CUP, 2003.

[④] J. D. Fodor, "Learning to Parse?", *Journal of Psycholinguistic Research*, No. 27, 1998a, pp. 285–319.

[⑤] J. D. Fodor, "Parsing to Learn", *Journal of Psycholinguistic Research*, No. 27, 1998b, pp. 339–374.

[⑥] J. D. Fodor, "Learnability Theory: Triggers for Parsing with", In E. Klein & G. Martohardjano (eds.), *The Development of Second Language Grammars: A Generative Approach*, Amsterdam: JohnBenjamins, 1999, pp. 373–406.

[⑦] V. Valian, "Logical and Psychological Constraints on the Acquisition of Syntax", In L. Frazier & E. Williams (eds.), *Language Processing and Language Acquisition*, Dordrecht: Kluwer Academic, 1990.

第二语言句法分析机制研究

的知识需要通过对他们的语法处理策略的详细而全面调查来加以补充（Clahsen & Felser, 2006a）[1]。

　　Gregg（2001）[2]指出，关于如何实现语言习得的过渡理论（Transition Theory）也是必要的。针对第一语言习得和第二语言习得，Fodor（1998a[3]，1998b[4]）认为句法分析机制参与了新语法结构的习得。这是因为目标语语法的构建必须由输入来驱动，而人们实时处理句子的方式对于充分理解第二语言语法的发展非常重要（Fodor, 1999[5]；Klein, 1999[6]；White, 1991[7]）。此外，许多第二语言习得研究者（Felser & Roberts, 2007[8]；Marinis et al., 2005[9]；Papadopoulou, 2005[10]）都提出同一个问题，即在第二语言学习者中广泛观察到的不完全习得（Incomplete Acquisition）是否由第二语言学习者所使用的句法分析机制存在问题所

---

[1]　H. Clahsen, and C. Felser, "Grammatical Processing in Language Learners", *Applied Psycholinguistics*, No. 27, 2006a, pp. 3 – 42.

[2]　K. Gregg, "Learnability and Second Language Acquisition Theory", In P. Robinson (ed.), *Cognition and Second Language Instruction*, Cambridge: CUP, 2001, pp. 52 – 180.

[3]　J. D. Fodor, "Learning to Parse?", *Journal of Psycholinguistic Research*, No. 27, 1998a, pp. 285 – 319.

[4]　J. D. Fodor, "Parsing to Learn", *Journal of Psycholinguistic Research*, No. 27, 1998b, pp. 339 – 374.

[5]　J. D. Fodor, "Learnability Theory: Triggers for Parsing with", In E. Klein & G. Martohardjano (eds.), *The Development of Second Language Grammars: A Generative Approach*, Amsterdam: JohnBenjamins, 1999, pp. 373 – 406.

[6]　E. Klein, "Just Parsing Through: Notes on the State of L2 Processing Research Today", In Klein, E. and Martohardjono, G. (eds.), *The Development of Second Language Grammars: A Generative Approach*, Amsterdam: John Benjamins, 1999, pp. 197 – 216.

[7]　L. White, "Second Language Competence VS. Second Language Performance: UG or Processing Strategies?", In L. Eubank (ed.), *Point Counterpoint: Universal Grammar in the Second Language*, Amsterdam: John Benjamins, 1991, pp. 167 – 89.

[8]　C. Felser, and L. Roberts, "Processing *WH*-Dependencies in a Second Language: A Cross-Modal Priming Study", *Second Language Research*, No. 23, 2007, pp. 9 – 36.

[9]　T. Marinis, L. Roberts, C. Felser, and H. Clahsen, "Gaps in Second Language Sentence Processing", *Studies in Second Language Acquisition*, No. 27, 2005, pp. 53 – 78.

[10]　D. Papadopoulou, "Reading-Times Studies of Second Language Ambiguity Resolution", *Second Language Research*, No. 21, 2005, pp. 98 – 120.

第四章 第二语言句子处理相关理论

致。对第二语言习得过程的理解是第二语言习得整体理论的基础。

在过去的几十年里,我们对于如何实时处理第一语言有了更加深入的理解。使用一系列的心理语言学方法和技术进行句子处理研究的结果表明,第一语言句法分析机制能够在实时处理过程中快速获取和整合各种类型的结构和非结构信息(Gibson & Pearlmutter,1998)[1]。学者们在某些领域已经就母语人士所使用的处理程序和策略形成了一致意见。第二语言学习者已经掌握了相关的语言结构,因此,我们就可以研究他们是否使用相同的处理程序和策略。另一个相关的研究问题是,第二语言学习者所使用的处理程序和策略是否存在差异,以及母语在这些方面与第二语言有多少相似之处。

实际上,我们对于语言学习者处理目标语言输入的方式了解得还很少。有些研究者提出了语言学习者语法处理的理论模型或观点(Carroll,2001[2];Gregg,2003[3];Hulstijn,2002[4]),但是没有能够形成统一的体系和框架。同时,对于语言学习者实时处理目标语言的方式,现有的研究所提供的实验性心理语言学证据非常不足(Clahsen & Felser,2006a)[5]。以往的第二语言习得研究大多集中在第二语言学习者语言知识的习得上。Juffs(2001)[6] 指

---

[1] E. Gibson, and N. Pearlmutter, "Constraints on Sentence Comprehension", *Trends in Cognitive Science*, No. 2, 1998, pp. 262 – 268.

[2] S. Carroll, *Input and Evidence: The Raw Material of Second Language Acquisition*, Amsterdam: John Benjamins, 2001.

[3] K. Gregg, "The State of Emergentism in Second Language Acquisition", *Second Language Research*, No. 19, 2003, pp. 95 – 128.

[4] J. Hulstijn, "Towards a Unified Account of the Representation, Processing and Acquisition of Second Language Knowledge", *Second Language Research*, No. 18, 2002, pp. 193 – 223.

[5] H. Clahsen, and C. Felser, "Grammatical Processing in Language Learners", *Applied Psycholinguistics*, No. 27, 2006a, pp. 3 – 42.

[6] A. Juffs, "Psycho-Linguistically Oriented Second Language Research", *Annual Review of Applied Linguistics*, No. 21, 2001, pp. 207 – 220.

出，反应时测量（一种心理语言学实验方法）在主流的第二语言习得研究中几乎没有被使用，这让第二语言习得界感到"尴尬"；与此同时，近一个世纪以来这种测量和实验设计都是通过对母语者的心理测量实验进行的。

如果我们能够弄清楚第二语言学习者的句法分析机制，就很可能能够对成人第二语言习得中普遍失败这一现象做出解释。学者们推测，在第二语言中缺乏类似母语的最终成就（Ultimate Attainment）至少可以部分地归因于句法分析机制的问题，而并非像人们通常认为的那样，是由于第二语言学习者无法获得类似母语的语法能力（Juffs & Harrington，1995[①]；Kilborn，1992[②]；Van Patten，1996[③]）。具体来说，由于母语和第二语言之间的语言差异，第二语言学习者可能会将处理策略从第一语言迁移到第二语言，这可能是第二语言习得未获得成功的关键障碍。第二语言中的句子处理也可能在很多方面不同于成人的第一语言处理。例如，第二语言学习者可能难以在线整合不同的信息资源。简言之，第二语言学习者是否像成人母语者那样处理目标语的问题十分重要，其答案将会对第一语言习得和第二语言习得的理论都有重要的启示。

首先，第二语言句子处理的研究对于更深入地了解第二语言习得过程和提高第二语言教学水平具有非常重要的意义。各种语言之间在动词论元（Verb Argument）结构上存在跨语言差异。因为实时句子处理是由头脑中的句法分析机制依据基于规则的语法

---

① A. Juffs, and M. Harrington, "Parsing Effects in Second Language Sentence Processing: Subject and Object Asymmetries in *WH*-Extraction", *Studies in Second Language Acquisition*, No. 17, 1995, pp. 483–516.

② K. Kilborn, "Online Integration of Grammatical Information in a Second Language", In R. Harris (ed.), *Cognitive Processing in Bilinguals*, Amsterdam: Elsevier, 1992, pp. 337–350.

③ B. Van Patten, *Input Processing and Grammar Instruction*, Chestnut Hill, NJ: Ablex, 1996.

表征进行的,执行动词论元信息在句法分析策略中起着重要作用(Gorrell,1995[①];Pritchett,1992[②])。在第一语言和第二语言在语法范畴的表达方式上存在差异的情况下,句子句法分析研究可以作为第一语言使用者和第二语言使用者之间语法表征差异的间接测量手段。换言之,第二语言句子处理研究可以用来对学习者在第二语言习得过程中的任意特定阶段所具有的语言能力进行评价。

其次,第二语言句子处理研究是对第二语言习得研究的补充,是对语言理解和表征的研究。学习者在理解第二语言书面语句子时,必须识别单个词汇并找出它们之间的结构关系。这种过程对第二语言学习者来说尤其具有挑战性,因为书面语篇缺乏韵律信息,而韵律信息有助于听者在听力理解过程中对结构关系作出判断。为了对书面语篇做出恰当的解释,读者必须以符合作者意图的方式处理句子。换言之,第二语言学习者必须能够以一种类似于目标语母语者的方式来分析第二语言书面句子。虽然第二语言学习者在分析第一语言和第二语言时的处理策略可能是成功的,但是在第一语言句法分析策略不足以解析第二语言输入的情况下,他们会在句子处理过程中遇到困难。

最后,由于缺乏有关第二语言句子处理问题的实验数据,目前关于语法能力和句法分析机制在第二语言发展中的相互影响还主要是基于理论上的考虑(Truscott & Sharwood Smith,2004)[③]。对第二语言学习者用来分析特定结构的句子分析机制的研究十分重要,它会使我们不仅能够研究第二语言习得中那些未解之谜,

---

[①] P. Gorrell, *Syntax and Parsing*, Cambridge: CUP, 1995.

[②] B. L. Pritchett, *Grammatical Competence and Parsing Performance*, Chicago: University of Chicago Press, 1992.

[③] J. Truscott, and M. Sharwood Smith, "Acquisition by Processing: A Modular Perspective on Language Development", *Bilingualism: Language and Cognition*, No. 7, 2004, pp. 1 - 20.

而且还可以检验现有句法分析理论的有效性。

第二节 第二语言句子处理的理论模型

综观文献，我们发现了试图解释第二语言句子加工的四个重要的理论模型。竞争模型（Competition Model）提出了第一语言处理迁移的问题。输入处理模型（Input Processing Model）的依据是学习者在处理过程中缺乏提取句子语法形式的能力。陈述式/程序式模型（Declarative/Procedural Model）利用两个内存系统之间的区别，并利用有缺陷的程序式记忆模型来解释第二语言处理过程。浅层结构假设（Shallow Structure Hypothesis）认为，第二语言学习者只能进行一种浅层加工，不能建立完整而详细的句子底层表征。

一 语言迁移理论与竞争模型

语言迁移（Lanugage Transfer）也称为母语干扰（L1 Interference）、语言干扰（Linguistic Interference）和跨语言影响（Cross-linguistic Influence）。它是指双语者或多语者将语言特征从一种语言迁移到另一种语言的过程。在习得第二语言或者第三语言的时候，两种语言之间都可能发生语言迁移：从一个成年人的第一语言（L1）到他们正在习得的第二语言（L2）或第三语言（L3），或者从第二语言迁移到第一语言。语言迁移是一种经常在语言习得和使用过程中遇到的问题，在第二语言习得研究中已得到广泛讨论。

当两种语言的相关单元或结构相似时，语言迁移会导致被称为"正迁移"（Positive Transfer）的习得现象，对第二语言习得产生积极的作用，例如同源词（Cognates）的使用。然而，语言迁移也通常被认为是会产生"负迁移"（Negative Transfer）的习

第四章 第二语言句子处理相关理论

得现象，对第二语言习得产生消极的影响，它是第二语言输出的一种错误来源。当第二语言习得者迁移两种语言中不相同的项目和结构时，就会发生负迁移。

正迁移促进语言习得并导致正确的语言产生，而负迁移妨碍语言习得并导致错误的语言产生。对比分析（Contrastive Analysis）理论主要负责对一对语言进行系统的研究，以确定它们在结构上的差异和相似之处。两种语言之间的差异越大，就越可能出现负迁移。例如，在英语中，介词通常是在时间状语之前使用的，如"Mike is going to return from Spain on Thursday."，然而西班牙语不使用介词，而是使用定冠词，如"Voy a la playa el viernes."。以英语为母语的人学习西班牙语可能会产生迁移错误，即由于过度依赖英语而在无须使用介词的时候使用介词。

正迁移的结果在很大程度上没有被人们注意到，因此很少被讨论。然而，这样的结果会产生很大的影响。一般来说，两种语言越相似，学习者越意识到它们之间的关系，就越会发生正迁移。例如，一个母语为英语的德语学习者可以从英语词汇中正确地猜出一个德语词汇的意思，尽管这个德语词在词序、内涵和搭配方面跟它的英语对应词并不相同。

第二语言习得的一个重要问题是学习者的母语是否或者如何影响他们的第二语言习得。在过去的几十年里，许多第二语言习得研究都对这一问题展开了探讨。许多实证研究表明母语确实在第二语言学习和处理中发挥了作用。这些研究从语音到语篇层面探讨了不同层次语言组织的迁移：语音迁移（Phonological Transfer）（Eckman, 1981[①]; Thompson, 1991[②]），句法迁移（Syntactic

---

[①] F. Eckman, "On Predicting Phonological Difficulty in Second Language Acquisition", *Studies in Second Language Acquisition*, No. 4, 1981, pp. 18–30.

[②] J. Thompson, "Foreign Accents Revisited: The English Pronunciation of Russian Immigrants", *Language Learning*, No. 41, 1991, pp. 177–204.

第二语言句法分析机制研究

Transfer)（Gass，1980①；While，1985②），词汇语义迁移（Lexical Semantic Transfer）（Palmberg，1987③），语篇迁移（Discourse Transfer）（Scarcella，1983④）。

自 20 世纪 80 年代以来，很多研究使用 Bates & MacWhinney（1981）⑤ 的竞争模型来考察句子处理过程中的迁移问题（Liu, Bates & Li，1992⑥；MacWhinney, Osman-Sagi & Slobin，1991⑦）。该模型框架下的句子处理研究学习者理解句子时如何将表层形式映射到句子的潜在意义或功能上。

竞争模式本质上是一种功能主义（Functionalist）模式（Bates & Macwhinney，1982⑧，1987⑨），与语言习得的先天性（Innateness）模式形成鲜明对比。它的功能主义模式明确提出，自然语言的形式是为交际功能而创造、支配、约束、获得及使用

---

① S. Gass, "An Investigation of Syntactic Transfer in Adult L2 Learners", In R. Scarcella & S. Krashen (eds.), *Research in Second Language Acquisition*, Rowley, MA: Newbury, 1980.

② L. While, "The Pro-Drop Parameter in Adult Second Language Acquisition", *Language Learning*, No. 35, 1985, pp. 47-62.

③ R. Palmberg, "Patterns of Vocabulary Development in Foreign-Language Learners", *Studies in Second Language Acquisition*, No. 9, 1987, pp. 201-219.

④ R. Scarcella, "Discourse Accent in Second Language Performance", In S. Gass & L. Selinker (eds.), *Language Transfer in Language Learning*, Rowley, MA: Newbury House, 1983, pp. 157-176.

⑤ E. Bates, and B. MacWhinney, "Second Language Acquisition from a Functionalist Perspective: Pragmatic, Semantic, and Perceptual Strategies. In H. Winitz (ed.), Annals of the New York Academy of Sciences", *Native Language and Foreign Language Acquisition*, New York: The New York Academy of Sciences, 1981, pp. 190-214.

⑥ H. Liu, E. Bates, and P. Li, "Sentence Interpretation in Bilingual Speakers of English and Chinese", *Applied Psycholinguistics*, No. 13, 1992, pp. 451-484.

⑦ B. MacWhinney, J. Osman-Sagi, and D. Slobin, "Sentence Comprehension in Two Clear Case-Marking Languages", *Brain and Language*, No. 41, 1991, pp. 234-249.

⑧ E. Bates, and B. MacWhinney, "Functionalist Approaches to Grammar", In E. Wanner & L. Gleitman (eds.), *Language Acquisition: The State of Art*, Cambridge: CUP, 1982, pp. 173-217.

⑨ E. Bates, and B. MacWhinney, "Competition, Variation, and Language Learning", In B. MacWhinney (ed.), *Mechanisms of Language Acquisition*, New Jersey: Erlbaum, 1987, pp. 157-193.

第四章 第二语言句子处理相关理论

的（MacWhinney, Bates & Kliegl, 1984）①。尽管该模型并不否认语言学习的内在生物学和心理学机制，但它并不假设存在一种特殊的心理机制，即在普遍语法（Universal Grammar, UG）模型中由预先确定的语言属性组成的心理机制。相反，Bates & MacWhinney（1982）②认为语言受一般认知的支配。由于没有预设语言特有的心理机制，语言输入的统计性（Statistical）和信息性（Informative）（即频率和信息价值）对语言加工和习得具有特别重要的意义。

竞争模型确定了两个层次的信息结构：（a）表示所有意义和交际意图的功能层次；（b）表示所有表层特征或表达手段的形式层次（MacWhinney, 2001③, 2002④）。语言习得和语言加工是两个层次结构的互动过程。

该模型特别关注的是，特定语言的理解者如何利用表层线索（如语序、动词一致性、名词动物性等）来确定句子中的各成分之间的关系。模型中提到的特别重要的一点是，表层形式与其功能之间的关系可以用它们相互作用的强度或程度来描述，而不是用一组规则来描述。在该模型中，形式和功能的联系是根据特定属性在统计分布上（如特定形式执行给定功能的频率或可靠性）的分配强度或权重来确定的。线索有效性（Cue Vadility）是具有

---

① B. MacWhinney, E. Bates, and R. Kliegl, "Cue Validity and Sentence Interpretation in English, German, and Italian", *Journal of Verbal Learning and Verbal Behavior*, No. 23, 1984, pp. 127-150.
② E. Bates, and B. MacWhinney, "Functionalist Approaches to Grammar", In E. Wanner & L. Gleitman (eds.), *Language Acquisition: The State of Art*, Cambridge: CUP, 1982, pp. 173-217.
③ B. MacWhinney, "The Competition Model: The Input, the Context, and the Brain", In P. Robinson (ed.), *Cognition and Second Language Instruction*, Cambridge: CUP, 2001, pp. 69-90.
④ B. MacWhinney, "Extending the Competition Model", In R. R. Heredia & J. Altarriba (eds.), *Bilingual Sentence Processing*, New York: Elsevier, 2002, pp. 31-57.

第二语言句法分析机制研究

特定交际功能的线索的信息价值,可以从口语或书面语样本中计算出来,并作为预测成人语言处理和儿童语言习得的基础。

由于形式—功能映射(Form Function Mapping)的跨语言差异,第二语言或者外语学习者面临的问题之一是如何获得与目标语相适应的映射,从而成功地处理第二语言/外语的语言输入。在竞争模型框架内,学者对双语者的句子处理进行了很多研究(Gass, 1987[①];Harrington, 1987[②];Kilborn, 1989[③])。在这些研究中观察到四种迁移模式(Su, 2001)[④]。

(1)第二语言学习者在处理第二语言时使用母语策略(前向迁移,Forward Transfer)。

(2)第二语言学习者在处理母语时运用新的第二语言策略(后向迁移,Backward Transfer)。

(3)第二语言学习者将单语者使用的两组线索层次结合起来,在处理母语和第二语言时使用组合策略(合并,Merging)。

(4)第二语言学习者对每一种语言使用不同的策略,也就是说,他们在母语和第二语言中的表现如同单语者(区分,Differentation)。

一些研究的结果表明,这些模式可能是重叠的。实际上,在习得第二语言/外语的过程中,在特定的时间点上可能会出现多种迁移模式。例如,第二语言学习者可以在处理第二语言时运用母语策略,但处理自己母语时使用的句法分析机制也许会与母语

[①] S. Gass, "The Resolution of Conflicts Among Competing Systems: A Bidirectional Perspective", *Applied Psycholinguistics*, No. 8, 1987, pp. 329 – 350.

[②] M. Harrington, "Processing Transfer: Language-Specific Processing Strategies as a Source of Interlanguage Variation", *Applied Psycholinguistics*, No. 8, 1987, pp. 351 – 377.

[③] K. Kilborn, "Sentence Processing in a Second Language: The Timing of Transfer", *Language and Speech*, No. 32, 1989, pp. 1 – 23.

[④] I-RU, Su, "Transfer of Sentence Processing Strategies: A Comparison of L2 Learners of Chinese and English", *Applied Psycholinguistics*, No. 22, 2001, pp. 83 – 112.

单语者有所不同。此外，其他一些研究表明，由于可用性或注意力等因素，某些形式—功能映射比其他形式—功能映射习得得更早，因此第二语言学习者似乎只学习了规则的一部分。竞争模型提供的量化机制可以描述第二语言学习者所习得的这些中间模式和语言系统（Su，2001）①。

二 输入处理模型

很多年来，输入（Input）一直是第二语言习得研究最为重要的组成部分。Gass（1997）② 指出："输入可能是第二语言习得中最重要的一个概念。很显然，如果没有语言输入，任何人都无法学习第二语言。事实上，所有的第二语言习得模式都在试图解释第二语言学习者如何利用语言输入的过程创造第二语言语法。"

在第二语言习得研究领域，有关语言输入最为著名的理论是语言学家 Stephen Krashen 在 20 世纪 70 年代和 80 年代提出的输入假说（Input Hypothesis），也称为监控模型（Monitor Model）（Krashen，1981③，1982④，1985⑤）。Krashen 最初将输入假说表述为五种假说之一，但随着时间的推移，这一术语逐渐将五种假说包含在其中。这一假说包括输入假说（Input Hypothesis）、习得—学习区别假说（Acquisition-Learning Hypothesis）、监控假说（Monitor Hypothesis）、自然顺序假说（Natural Order Hypothesis）和情

---

① I-RU, Su, "Transfer of Sentence Processing Strategies: A Comparison of L2 Learners of Chinese and English", *Applied Psycholinguistics*, No. 22, 2001, pp. 83 – 112.

② S. M. Gass, *Input and Interaction in Second Language Acquisition*, Mahwah, NJ: Erlbaum, 1997.

③ S. D. Krashen, *Second Language Acquisition and Second Language Learning* (PDF), Oxford: Pergamon, 1981.

④ S. D. Krashen, *Principles and Practice in Second Language Acquisition* (PDF), Oxford: Pergamon, 1982.

⑤ S. D. Krashen, *The Input Hypothesis: Issues and Implications*, New York: Longman, 1985.

感过滤假说（Affective Filter Hypothesis）。

这些假说把语言学习者所接触的可理解输入（Comprehensible Input）放在首要地位。理解口语和书面语输入被认为是导致语言能力提高的唯一机制，而语言输出则不被视为对学习者的能力提高有任何作用。此外，Krashen 还认为，语言能力只有在语言是潜意识习得的情况下才能提高，而有意识的学习不能作为自发语言产生的源泉。最后，学习被视为严重依赖于学习者的情绪，如果学习者有压力或不想学习语言，语言学习就会受到影响。该假说在语言教育领域，特别是在美国的语言教育界，具有很大的影响力，但也受到了一些学者的批评。

然而，过去几十年的第二语言习得研究表明，一般意义上的输入研究已经不足以回答第二语言习得过程中的诸多问题。特别重要的是，学者们对于输入的处理机制以及与其发生互动的学习机制仍然知之甚少。改变这一现状的方法就是研究第二语言输入处理（Van Patten，2002）[1]。

Van Patten（1996[2]，2000[3]，2002[4]，2004[5]）提出的输入处理模型（Input Processing Model），旨在解释学习者如何处理目标语言中的输入，以及如何从输入中获取信息。吸收（Intake）被定义为从输入中实际处理并保存在工作记忆中以供进一步处理的语

---

[1] B. Van Patten, "Processing Instruction: An Update", *Language Learning*, No. 52, 2002, p. 4.

[2] B. Van Patten, *Input Processing and Grammar Instruction*, Chestnut Hill, NJ: Ablex, 1996.

[3] B. Van Patten, "Thirty Years of Input (Or Intake, the Neglected Sibling)", In B. Swierzbin, F. Morris, M. E. Anderson, C. A. Klee & E. Tarone (eds.), *Social and Cognitive Factors in Second Language Acquisition*, Somerville, MA: Cascadilla Press, 2000, pp. 287 – 311.

[4] B. Van Patten, "Processing Instruction: An Update", *Language Learning*, No. 52, 2002, p. 4.

[5] B. Van Patten (ed.), *Processing Instruction: Theory, Research, and Commentary*, Mahwah, NJ: Lawrence Erlbaum, 2004.

言数据（Van Patten，2002）①。具体来说，输入处理模型是指学习者在实时句子处理过程中如何注意输入的形式以及如何解析句子，而他们的处理重点是意义。Van Patten（1996②，2000③）提出的输入处理模型包括一组原理和推论（见表4-1），它们以复杂的方式与工作记忆发生交互作用。工作记忆在这个模型中扮演着重要的角色，因为该模型的前两个原则是基于有限的信息处理能力；也就是说，因为认知资源相当有限，语言学习者只能有限制地使用工作记忆。在处理过程中，工作记忆随时删除旧的信息，为更多（传入）信息腾出空间。

根据该理论的第一个原则，学习者被动地从输入中获得意义，而这一点有很多深层含义。例如，在实时处理过程中，学习者在其头脑中首先搜索内容词汇项（Content Lexical Items），因为这些词是指称意义（Referential Meaning）的主要来源。原则1b与目标语输入句子中的语法形式有关。它认为当内容词条和语法形式都编码相同的含义，当两者都存在于句子/话语中时，语言学习者关注词汇项以获取词义，而并非语法形式。

原则1c涉及输入处理模型的另一个重要方面，即输入的交际价值的本质。根据这一原则，一种语言形式越具有交际价值，就越有可能被处理，并存在于吸收（Intake）的数据中（Van Patten，2002）④。对于学习者来说，没有或几乎没有交际价值的语言形式就不太可能被加工。如果没有适当的指导，这些语言形式

---

① B. Van Patten, "Processing Instruction: An Update", *Language Learning*, No. 52, 2002, p. 4.

② B. Van Patten, *Input Processing and Grammar Instruction*, Chestnut Hill, NJ: Ablex, 1996.

③ B. Van Patten, "Thirty Years of Input (Or Intake, the Neglected Sibling)", In B. Swierzbin, F. Morris, M. E. Anderson, C. A. Klee & E. Tarone (eds.), *Social and Cognitive Factors in Second Language Acquisition*, Somerville, MA: Cascadilla Press, 2000, pp. 287-311.

④ B. Van Patten, "Processing Instruction: An Update", *Language Learning*, No. 52, 2002, p. 4.

第二语言句法分析机制研究

表4-1　　Van Patten 输入处理模型的具体原则（Van Patten，2002）①

原则1.	学习者在处理输入时首先寻找意义，而不是输入的形式
原则1a.	学习者先处理输入中的实词（Content Words）
原则1b.	在获得相同的语义信息时，学习者倾向于处理加工词汇（Lexical Items），而不是形成语法项目
原则1c.	学习者更倾向于处理更有意义的词汇，而不喜欢"无意义"的词法
原则1d.	不管重复与否，学习者更喜欢首先处理有意义的形式，而不是无具体意义的形式
原则2.	学习者处理无意义的形式时，必须能够在不需要（或很少）花费处理资源的情况下加工这些信息或交际内容
原则3.	学习者拥有一种默认的策略，即将主语的角色分配给他们在句子/话语中遇到的第一个名词（短语）。这叫作第一名词策略（First Noun Strategy）
原则3a.	第一名词策略可以通过词汇语义和事件概率来重置
原则3b.	学习者只有在他们不断发展的分析机制里包含了其他线索（例如格的标记、重音标识等）后才会采用其他的语法角色分配处理策略
原则4.	学习者首先处理句子/话语初始位置的要素

就不可能被习得。在许多第二语言习得研究中，学习者言语输出中没有这类语言形式，表明学习者可能没有在输入中处理它们（尽管它们的缺失也可能表明输出处理的问题）。同时，由于语言输入的低频率和一些其他方面的因素（包括交际价值），可能会使语言学习者永远也无法习得某一种语言形式。

然而，目前对这一理论模型的支持来自人们的一些普遍共识，主要是某些语言形式的理解过程比其他形式容易得多，而与语言形式在第二语言语法能力发展中所起的作用并无关系（Van Patten，1996②，2002③）。看下列一组句子：

---

① B. Van Patten，"Processing Instruction: An Update"，*Language Learning*，No. 52，2002，p. 4.

② B. Van Patten，*Input Processing and Grammar Instruction*，Chestnut Hill，NJ: Ablex，1996.

③ B. Van Patten，"Processing Instruction: An Update"，*Language Learning*，No. 52，2002，p. 4.

第四章 第二语言句子处理相关理论

（1a）He is eating the apple.

（1b）He eats apples.

如果使用输入处理模型的话，我们会预测（1a）中的-ing 形式比（1b）中的第三人称单数-s 更容易处理，因为-ing 形式更有语义上的突出性。

原则1d 指出，重复是输入处理模型中的另一个重要概念。输入处理模型认为，一个语言形式越是重复，学习者对其进行处理的可能性就越小（尤其是在处理资源相当有限的情况下）。与内容和语法形式之间的定性区别不同，重复更多的是一个数量概念。其程度高低取决于使用它的特定语境和同它一起出现的其他语言形式。在大多数情况下，重复似乎只影响语法形式的处理。例如，第三人称单数-s 经常在一些句子中省略（比如，"He likes to eat apples."），因为人称（Person）的含义已经在代词"He"那里得到了表达。

模型中的原则3 提出了与词序相关的第一名词策略。这意味着它可能会对一些具有特殊语序的语言的习得产生影响。比如，一些语言不严格遵循主语—动词—宾语（Subject-Verb-Object）的语序。

原则4 是另一个重要的加工原则。主要内容是句子的起始位置比最后位置在处理时更突出，而最后位置又比中间位置更加突出。这意味着，在实时处理过程中，第二语言学习者更容易注意到出现在句子开头的疑问词及其句法特征并加以处理，而后面的宾语代词和虚拟语气词则得到较少的关注。因为学习者在语言输入中的句子初始位置听到或阅读到一般疑问句中前置助动词，因此该语言特征的处理和习得相对容易一些（Van Patten，2002）[1]。

---

[1] B. Van Patten, "Processing Instruction: An Update", *Language Learning*, No. 52, 2002, p. 4.

总之，输入处理模型中概述的原则旨在描述语言输入中哪些语言特征在实时处理过程中更容易得到关注，哪些不容易受到关注，以及学习者如何将语法角色分配给名词。该模型中的吸收（Intake）是指学习者在在线理解过程中实际输入、加工并保持在工作记忆中的句法结构和语义信息。然而，本部分所讨论的输入处理模型只是同习得相关的诸多过程中的一个；学习者从输入中获得某种形式的信息表征，但这并不意味着摄取中所包含的信息会自动进入学习者大脑中并发展成为第二语言语法心理表征（Van Patten, 2002）[1]。

三 陈述式/程序式模型

陈述式/程序式模型（Declarative/Procedural Model）是由Ullman（2001[2]，2004[3]，2006[4]）和Paradis（1994[5]，1997[6]，2004[7]）提出的对第二语言学习者句子加工机制的解释模型。

Ullman（2006）[8] 认为，陈述式/程序式模型的基础是语言

---

[1] B. Van Patten, "Processing Instruction: An Update", *Language Learning*, No. 52, 2002, p. 4.

[2] M. Ullman, "The Neural Basis of Lexicon and Grammar in First and Second Language: The Declarative/Procedural Model", *Bilingualism: Language and Cognition*, No. 4, 2001, pp. 105 – 122.

[3] M. Ullman, "Contributions of Memory Circuits to Language: The Declarative/Procedural Model", *Cognition*, No. 92, 2004, pp. 231 – 270.

[4] M. Ullman, "The Declarative/Procedural Model and the Shallow Structure Hypothesis", *Applied Psycholinguistics*, No. 27, 2006, pp. 97 – 105.

[5] M. Paradis, "Neurolinguistic Aspects of Implicit and Explicit Memory: Implications for Bilingualism and SLA", In N. Ellis (ed.), *Implicit and Explicit Language Learning*, London: Academic Press, 1994, pp. 393 – 419.

[6] M. Paradis, "The Cognitive Neuropsychology of Bilingualism", In A. De Groot & J. Kroll (eds.), *Tutorials in Bilingualism: Psycholinguistic Perspectives*, Mahwah, NJ: Erbaum, 1997, pp. 31 – 354.

[7] M. Paradis, *A Neurolinguistic Theory of Bilingualism*, Amsterdam: John Benjamins, 2004.

[8] M. Ullman, "The Declarative/Procedural Model and the Shallow Structure Hypothesis", *Applied Psycholinguistics*, No. 27, 2006, pp. 97 – 105.

依赖于两个经过充分研究的大脑记忆系统。这两个系统与动物和人类的非语言功能有关。陈述性记忆系统负责学习、表达有关事实和事件知识的使用。在这个系统中学习到的知识至少部分是明确的,并且可以在有意识、有目的地利用。程序性记忆系统管理新事物的内隐(无意识)学习,并对长期形成的运动和认知技能和习惯进行控制,特别是那些涉及序列的技能和习惯。

这两个记忆系统相互作用,使得语言学习和处理的过程既有合作也存在竞争(Ullman,2004[①],2006[②])。一方面,这两个系统在获取相同或相似的知识(包括序列知识)时可以互补。因此,陈述性记忆系统由于其快速获得知识的能力,被应用在知识学习的初始时期,而程序性记忆系统则在之后逐渐学习类似的知识。另一方面,两个系统也有竞争性的相互作用,这导致了一种"跷跷板效应"(Seasaw Effect):一个系统的功能障碍会导致另一个系统的学习增强,或者一个系统的学习会抑制另一个系统的功能(Ullman,2006)[③]。

根据这个模型的解释,在第一语言处理过程中,陈述性记忆系统和程序性记忆系统之间的区别类似于心理词汇和心理语法之间的区别。陈述性记忆系统关注词汇,包括所有特殊的词汇知识,单词的发音和意义,以及单词是否具有不规则的形态。程序性记忆系统是心理语法的基础,负责控制复杂语言结构的顺序和层次计算。程序性记忆系统在语法结构构建中特别重要,因为它在计算上扮演着类似跨语法子域(Subdomains)(如词法和句法)

[①] M. Ullman, "Contributions of Memory Circuits to Language: The Declarative/Procedural Model", *Cognition*, No. 92, 2004, pp. 231 – 270.

[②] M. Ullman, "The Declarative/Procedural Model and the Shallow Structure Hypothesis", *Applied Psycholinguistics*, No. 27, 2006, pp. 97 – 105.

[③] Ibid.

的角色。Ullman（2006）① 认为，这两个记忆系统在语言的习得和使用中既合作又竞争。例如，儿童利用陈述性记忆系统同时学习特殊形式和复杂形式，而程序性记忆系统则逐渐获得语法知识和基本规则支配的组合。

该模型对成人第二语言学习者提出了一些解释和预测。与儿童母语习得相比，第二语言学习者的语法/程序知识习得要比词汇/陈述知识的习得所面临的问题要更多。陈述式/程序式模型在一定程度上解释了影响两个大脑系统的一些因素，包括程序性记忆的衰减和陈述性记忆的增强。与程序性记忆系统相关的运动技能学习可能会受到早期关键期的影响，而陈述性记忆系统在儿童时期会改善，在青少年时期可能会出现停滞（Ullman，2006）②。两种记忆系统之间的竞争性交互作用表明，儿童陈述性记忆系统的改善可能伴随着程序性学习能力的减弱。

根据 Ullman（2001③，2004④，2006⑤）和 Paradis（1994⑥，1997⑦，2004⑧）的研究，第二语言学习者和母语者在语法的心

---

① M. Ullman, "The Declarative/Procedural Model and the Shallow Structure Hypothesis", *Applied Psycholinguistics*, No. 27, 2006, pp. 97 – 105.

② Ibid.

③ M. Ullman, "The Neural Basis of Lexicon and Grammar in First and Second Language: The Declarative/Procedural Model", *Bilingualism: Language and Cognition*, No. 4, 2001, pp. 105 – 122.

④ M. Ullman, "Contributions of Memory Circuits to Language: The Declarative/Procedural Model", *Cognition*, No. 92, 2004, pp. 231 – 270.

⑤ M. Ullman, "The Declarative/Procedural Model and the Shallow Structure Hypothesis", *Applied Psycholinguistics*, No. 27, 2006, pp. 97 – 105.

⑥ M. Paradis, "Neurolinguistic Aspects of Implicit and Explicit Memory: Implications for Bilingualism and SLA", In N. Ellis (ed.), *Implicit and Explicit Language Learning*, London: Academic Press, 1994, pp. 393 – 419.

⑦ M. Paradis, "The Cognitive Neuropsychology of Bilingualism", In A. De Groot & J. Kroll (eds.), *Tutorials in Bilingualism: Psycholinguistic Perspectives*, Mahwah, NJ: Erbaum, 1997, pp. 31 – 354.

⑧ M. Paradis, *A Neurolinguistic Theory of Bilingualism*, Amsterdam: John Benjamins, 2004.

理表征和处理方式上是完全不同的。人们在处理母语中的句子时,很大程度上依赖程序记忆来存储的"隐含"(Implicit)知识,因此母语分析是快速、无意识且自动的。然而,对于成人第二语言学习者来说,程序性语言记忆系统对非母语的处理能力较弱,因此,成人第二语言学习者主要依赖陈述性记忆源来存储有关第二语言的知识。第二语言知识在很大程度上是"显性"(Explicit,即有意识的)知识,而不是一组自动应用的内在计算过程(Clahsen & Felser, 2006a)[1]。

第一语言使用者通常根据语言输入的结构成分计算出复杂语言形式(如"talk + -ed""the + tree"),而同样的复杂语言形式往往会被第二语言学习者记忆为语块(Chunk,如"talked""the tree")。第二语言学习者也可能倾向于利用已经存储的图式或结构记忆单词之间的转换概率(尤其是当相邻单词在同一句法框架中频繁出现时)。他们在产出第二语言时创造新句子的能力可能涉及在词汇记忆中存储的类似形式或结构的关联泛化、项目间概念语义关系的计算,或在陈述性记忆中学习规则的使用(Ullman, 2006)[2]。

成年第二语言习得者在某种程度上可以加快程序式处理的进程,因此在第二语言学习中仍然可能表现出高度的熟练度或流利度。然而,处理第二语言输入所涉及的心理过程可能与处理第一语言输入所使用的心理过程有本质上的不同,并由不同的大脑区域所支配。

尽管成人第二语言学习者很难获得完全功能的语法系统,但第二语言语法系统的完全功能缺失也是不太可能的。相反,对成

---

[1] H. Clahsen, and C. Felser, "Grammatical Processing in Language Learners", *Applied Psycholinguistics*, No. 27, 2006a, pp. 3 – 42.

[2] M. Ullman, "The Declarative/Procedural Model and the Shallow Structure Hypothesis", *Applied Psycholinguistics*, No. 27, 2006, pp. 97 – 105.

人通过程序记忆习得非语言技能的多个研究（Schacter & Tulving, 1994[①]；Squire & Zola, 1996[②]）结果表明，在第二语言学习中的实践促进了程序学习和语言水平的提高。Ullman（2006）[③] 认为，有了丰富的第二语言经验之后，第二语言学习者在语法上对程序系统的依赖应该像母语一样，并且可能会向更高的熟练程度发展。一个特定的第二语言学习者是否能够在程序系统中获得一组特定的语法知识，将取决于其所学语法知识的类型、第二语言习得的性质以及学习者的特点（例如该学习者的内在程序学习能力）。

四 浅层结构假设

Clahsen & Felser（2006a[④]，2006b[⑤]）在对第二语言学习者句子处理能力的一系列研究的基础上，提出了浅层结构假设（Shallow Structure Hypothesis, SSH），以解释成人第二语言学习者在句子处理过程中对句法信息的使用不足，以及对句子结构的描述不够详细的事实。

句子处理首先要求理解者能够将输入的句子分解成有意义的语块，并找出这些语块之间的句法和语义关系。在很大程度上，原则上成功的处理可以通过使用词汇、语义、语用和其他相关信息来实现。然而，要在实时处理过程中采用基于全结构（Full Structure Based）的句法分析策略，理解者需要计算层次短语结构

[①] D. L. Schacter, and E. Tulving（eds.），*Memory Systems*, Cambridge, MA：MIT Press, 1994.

[②] L. R. Squire, and S. Zola, "Structure and Function of Declarative and Nondeclarative Memory Systems", *Proceedings of the National Academy of Science of the United States of America*, No. 93, 1996, pp. 13515 – 13522.

[③] M. Ullman, "The Declarative/Procedural Model and the Shallow Structure Hypothesis", *Applied Psycholinguistics*, No. 27, 2006, pp. 97 – 105.

[④] H. Clahsen, and C. Felser, "Grammatical Processing in Language Learners", *Applied Psycholinguistics*, No. 27, 2006a, pp. 3 – 42.

[⑤] H. Clahsen, and C. Felser, "Continuity and Shallow Structures in Language Processing", *Applied Psycholinguistics*, No. 27, 2006b, pp. 107 – 126.

（Hierarchical Phrase Structure）和抽象元素（Abstract Elements）（例如空范畴）以得到相当详细的句法表征（Clahsen & Felser，2006a）[①]。学者们之前对母语句子加工的研究（Fodor，1989[②]，1995[③]）为人们在加工母语时构建这种详细的句法表征提供了证据。

对于第二语言的处理加工，浅结构假设认为，成人第二语言学习者为理解句子而计算出的句法表征比母语者的要浅且粗略。根据这一模型，在实时句子处理时，成人第二语言学习者会以与母语者相同的方式提取词汇、语义、语用以及其他非句法信息，但是母语者所实现的句法结构表征在第二语言处理中似乎不存在（Clahsen & Felser，2006a）[④]。例如，对关系从句的研究表明，母语者既依赖词汇线索，又依赖短语结构句法分析策略，后者的使用取决于是否存在歧义消解的词汇线索。相比之下，第二语言学习者在分析这些句子时使用的是词汇而不是句法信息（Felser et al.，2003[⑤]；Papadopoulou & Clahsen，2003[⑥]）。

最初，浅层解析是一个用于语言处理的计算方法的概念。它包括识别词类、将句子分割成有意义的语块，以及确定这些语块

[①] H. Clahsen, and C. Felser, "Grammatical Processing in Language Learners", *Applied Psycholinguistics*, No. 27, 2006a, pp. 3 – 42.

[②] J. D. Fodor, "Empty Categories in Sentence Processing", *Language and Cognitive Processes*, No. 4, 1989, pp. 155 – 209.

[③] J. D. Fodor, "Comprehending Sentence Structure", In L. R. Gleitman, & M. Liberman (eds.), *Language: An Invitation to Cognitive Science*, Cambridge, MA: MIT Press, 1995, pp. 209 – 246.

[④] H. Clahsen, and C. Felser, "Grammatical Processing in Language Learners", *Applied Psycholinguistics*, No. 27, 2006a, pp. 3 – 42.

[⑤] C. Felser, L. Roberts, R. Gross, and T. Marinis, "The Processing of Ambiguous Sentences by First and Second Language Learners of English", *Applied Psycholinguistics*, No. 24, 2003, pp. 453 – 489.

[⑥] D. Papadopoulou, and H. Clahsen, "Parsing Strategies in L1 and L2 Sentence Processing: A Study of Relative Clause Attachment in Greek", *Studies in Second Language Acquisition*, No. 24, 2003, pp. 501 – 528.

与动词之间的关系（Clahsen & Felser, 2006b）[1]。第一语言中浅层句法分析的证据（例如，Ferreira, Bailey & Ferraro, 2002[2]; Sanford & Sturt, 2002[3]）与第二语言学习者基于语义的理解策略和完整句法分析策略的应用基本一致。

Townsend & Bever（2001）[4] 提出的综合处理模型（Integrated Processing Model）进一步探讨了浅层结构模型的思想。该模型认为，第一语言处理机制通常向输入的语句分配两种类型的表征，一种是基于词汇信息和统计模式的粗略的"伪句法"（Pseudo-Syntax）表征，另一种是充分标识的句法表征。前者使理解者能够快速确定句子的一般意义，后者则是对分析的补充和确认。在他们的模型中，母语者"两次理解句子"的基本原则可以为理解第二语言加工提供一个有用的模板（Clahsen & Felser, 2006b）[5]。因此，语言处理机制使用两种不同的路径得出句子的表征。语法分析有助于获得完整的句法表征，而浅层次的处理则是通过词汇语义和语用信息、世界知识和强关联意义或形式模式来指导的。

Clahsen & Felser（2006a[6], 2006b[7]）认为，第二语言学习者与母语者的区别在于，在第二语言加工过程中，浅层加工（Shallow Processing）路径占主导地位。这其中有两种可能性。第一种

---

[1] H. Clahsen, and C. Felser, "Continuity and Shallow Structures in Language Processing", *Applied Psycholinguistics*, No. 27, 2006b, pp. 107 – 126.

[2] F. Ferreira, K. Bailey, and V. Ferraro, "Good Enough Representations in Language Comprehension", *Current Directions in Psychological Science*, No. 11, 2002, pp. 11 – 15.

[3] A. Sanford, and P. Sturt, "Depth of Processing in Language Comprehension: Not Noticing the Evidence", *Trends in Cognitive Science*, No. 6, 2002, pp. 382 – 386.

[4] D. Townsend, and T. Bever, *Sentence Comprehension: The Integration of Habits and Rules*, Cambridge, MA: MIT Press, 2001.

[5] H. Clahsen, and C. Felser, "Continuity and Shallow Structures in Language Processing", *Applied Psycholinguistics*, No. 27, 2006b, pp. 107 – 126.

[6] H. Clahsen, and C. Felser, "Grammatical Processing in Language Learners", *Applied Psycholinguistics*, No. 27, 2006a, pp. 3 – 42.

[7] H. Clahsen, and C. Felser, "Continuity and Shallow Structures in Language Processing", *Applied Psycholinguistics*, No. 27, 2006b, pp. 107 – 126.

可能性是，在第一语言处理过程中所使用的处理机制在第二语言处理过程中也可以使用，但它们在实时处理中的使用受到限制，因为这种第二语言处理机制可能是不完整的、发散的，或者不适合深层句法分析。第二种可能性是，尽管第二语言语法足够详细，适合进行语法分析，但由于所需的语法分析机制不可用或不足，导致完全语法分析失败。Clahsen & Felser（2006b）[①] 认为，第一种可能性更为现实。尽管加工路径原则上对第二语言学习者是有效的，但是成功的句法结构分析有赖于足够详细和隐含的语法知识是否可用，而这些语法知识在第二语言学习者中可能是不存在的。

图 4-1 描述了第二语言语法分析机制的缺陷导致在第二语言处理中无法充分使用完整的处理路径的情形。由于完整的句法分析路径在第二语言处理中的作用受到限制，学习者的句法表征通常只能通过浅层处理路径来获得。

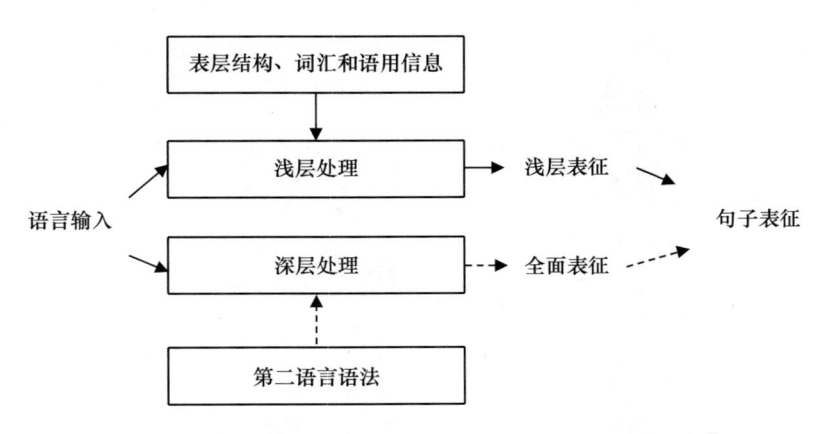

图 4-1　浅层结构处理假设（Clahsen & Felser，2006b）[②]

[①] H. Clahsen, and C. Felser, "Continuity and Shallow Structures in Language Processing", *Applied Psycholinguistics*, No. 27, 2006b, pp. 107 – 126.

[②] Ibid.

第二语言句法分析机制研究

浅层处理假设和陈述式/程序式模型都表明第二语言学习者缺乏类似母语的语法处理能力，而第二语言学习者则依赖其他显性机制进行语言处理。具体而言，这些涉及词汇、语义知识和过程。然而，这两种观点至少在两个方面存在重大差异（Ullman，2006）[1]。

首先，陈述式/程序式模型承认，第二语言习得和处理经验的积累最终导致语法的程序化，导致类似母语的语法处理，而浅层处理假设则否认随着时间的推移而发生的这种质的变化，并认为完全句法分析不适用于成人第二语言学习者。

其次，尽管浅层处理假设主要涉及语言处理，并且在这方面有详细而明确的说明，但陈述式/程序式模型则在许多神经认知水平上进行了声明和预测，从分子水平到大脑结构，再到习得、表征和处理。陈述式/程序式模型对语言处理过程的预测不仅来源于语言研究，而且还源于两个经过充分研究的记忆系统。相比之下，浅层处理假设显然只得到心理语言学证据的支持，尤其是针对第二语言学习者语法加工的研究的支持（Ullman，2006）[2]。

然而，应该指出的是，Clahsen & Felser 的浅层处理假设在很大程度上依赖于陈述式/程序式模型（例如分块）的某些观点，二者的基本前提也有相似之处。

---

[1] M. Ullman, "The Declarative/Procedural Model and the Shallow Structure Hypothesis", *Applied Psycholinguistics*, No. 27, 2006, pp. 97 – 105.

[2] Ibid.

第五章　国外第二语言句子处理研究

近年来,人们对第二语言学习者在线句法分析的研究越来越感兴趣。学者们关心的问题非常广泛,比如语言的某些结构原则是否是与生俱来的。很多研究采用了基于能力(Competence-Based)的语言处理理论,其中句法处理的核心是一些语法原则的局部应用。这些研究的重点是考察第二语言学习者是否以与母语者相同的方式处理目标语的输入。近年来,随着在线实验技术在第二语言研究中的应用越来越多,对第二语言句子加工的研究也不断涌现。以往对第二语言加工的研究主要集中在句子处理的两个核心方面:结构歧义句的处理和填充词—语缺依赖结构的处理。

第一节　结构歧义句的处理

为了对句法分析机制在实时处理过程中的行为进行充分的理论研究,研究者们考察了分析机制在遇到局部或暂时性结构歧义时所遵循的操作。分析机制在面对一个模棱两可的输入片段时如何进行初始选择,将会对了解其体系结构的底层进程提供重要的线索(Dussias,2003)[1]。第二语言句子处理研究一直

---

[1] P. Dussias, "Syntactic Ambiguity Resolution in Second Language Learners: Some Effects of Bilinguality on L1 and L2 Processing Strategies", *Studies in Second Language Acquisition*, No. 25, 2003, pp. 529 – 557.

第二语言句法分析机制研究

遵循这一传统,目的是考察第二语言学习者在处理句子时是否使用了母语者在解决歧义结构时所使用的相同的约束、规则和原则。

关于第二语言歧义消解的很多研究都是围绕着关系从句的歧义展开的。这些歧义涉及复杂的属格(Genitive)(NP1-of-NP2)。比如"The public understand the husband of the Queen who is enjoying the new dynasty."。对第二语言学习者如何解决关系从句附加歧义的研究也有助于揭示"加工迁移"问题,因为关系从句的附加偏好受跨语言变异的影响。尽管成年人单语英语读者倾向于选择 NP2 消歧法(Carreiras & Clifton, 1999[1];Roberts, 2003[2]),但 NP1 附加法在许多其他语言中是首选的,包括西班牙语(Carreiras & Clifton, 1993[3];Cuetos & Mitchell, 1988[4])、德语(Hemforth, Konieczny & Scheepers, 2000[5])、法语(Frenck-Mestre & Pynte, 1997)[6]、希腊语(Papadopoulou & Clahsen, 2003)[7]。几项对第二语言学习者的阅读时间研究表明,即使是高度熟练的第二

---

[1] M. Carreiras, and C. Clifton, "Another Word on Parsing Relative Clauses: Eye Tracking Evidence from Spanish and English", *Memory and Cognition*, No. 27, 1999, pp. 826 – 833.

[2] L. Roberts, *Syntactic Processing in Learners of English*, Unpublished PhD Dissertation, University of Essex, Colchester, 2003.

[3] M. Carreiras, and C. Clifton, "Relative Clause Interpretation Preferences in Spanish and English", *Language and Speech*, No. 36, 1993, pp. 353 – 372.

[4] F. Cuetos, and D. Mitchell, "Cross-Linguistic Differences in Parsing: Restrictions on the Use of the Late Closure Strategy in Spanish", *Cognition*, No. 30, 1988, pp. 73 – 105.

[5] B. Hemforth, L. Konieczny, and C. Scheepers, "Syntactic Attachment and Anaphor Resolution: Two Sides of Relative Clause Attachment", In M. Crocker, M. Pickering, & C. Clifton (eds.), *Architectures and Mechanisms for Language Processing*, Cambridge: CUP, 2000, pp. 59 – 282.

[6] C. Frenck-Mestre, and J. Pynte, "Syntactic Ambiguity Resolution While Reading in Second and Native Languages", *Quarterly Journal of Experimental Psychology*, No. 50A, 1997, pp. 119 – 148.

[7] D. Papadopoulou, and H. Clahsen, "Parsing Strategies in L1 and L2 Sentence Processing: A Study of Relative Clause Attachment in Greek", *Studies in Second Language Acquisition*, No. 24, 2003, pp. 501 – 528.

第五章 国外第二语言句子处理研究

语言学习者也未能获得对具有所属格的名词短语像母语一样的处理策略,而且他们始终没有表现出对 NP1 或 NP2 附加成分有任何的兴趣(Dussias,2003①;Felser et al.,2003②;Papadopoulou & Clahsen,2003③)。

以上有关关系从句(Relative Clause)结构歧义的研究取得了一定的进展,但是未能为第二语言学习者使用基于类似母语短语结构的歧义消解策略找到任何证据。尽管如此,一些研究还是证明了第二语言学习者能够利用词汇和语义线索来消除歧义(Clahsen & Felser,2006a)④。Juffs(1998)⑤研究了关键动词以及关系从句缩写形式结构歧义的第二语言处理,结果发现来自不同语言背景的第二语言学习者加工歧义句"The bad boys criticized almost every day were playing in the park."的方式和策略与母语者相似。在他的研究中,如果初始分词成分看起来像一个及物动词,那么学习者似乎会经历"花园路径"效应("Garden Path" Effect),这表明学习者在句法分析过程中对动词的论据结构很敏感。Juffs 的研究结果表明,来自不同语言背景的学习者体现出不同的处理机制:母语为汉语、日语和韩语的学习者要比母语与英语类型相似的学习者更加难以处理这类歧义句,对测试项目语法性判断也

---

① P. Dussias, "Syntactic Ambiguity Resolution in Second Language Learners: Some Effects of Bilinguality on L1 and L2 Processing Strategies", *Studies in Second Language Acquisition*, No. 25, 2003, pp. 529 – 557.

② C. Felser, L. Roberts, R. Gross, and T. Marinis, "The Processing of Ambiguous Sentences by First and Second Language Learners of English", *Applied Psycholinguistics*, No. 24, 2003, pp. 453 – 489.

③ D. Papadopoulou, and H. Clahsen, "Parsing Strategies in L1 and L2 Sentence Processing: A Study of Relative Clause Attachment in Greek", *Studies in Second Language Acquisition*, No. 24, 2003, pp. 501 – 528.

④ H. Clahsen, and C. Felser, "Grammatical Processing in Language Learners", *Applied Psycholinguistics*, No. 27, 2006a, pp. 3 – 42.

⑤ A. Juffs, "Main Verb VS. Reduced Relative Clause Ambiguity Resolution in Second Language Sentence Processing", *Language Learning*, No. 48, 1998, pp. 107 – 147.

第二语言句法分析机制研究

更加不准确。

"花园路径"效应是心理语言学里一个非常重要的概念。花园路径句是一个符合语法规则的句子。句子本身包含有两种不同的处理路径，而句子开头总是会引导读者向着错误的方向前进；在句子的末尾发现一个明显的意料之外的解读，即走入一个死胡同。当阅读时，这个句子似乎不合语法，几乎没有意义，而且经常需要重读，以便在仔细分析之后可以完全理解它的意思。经典的花园路径句有以下几个。

表 5-1　　　　　　　　典型的花园路径句及其分析

（1）The old man the boat.	这是花园路径句的经典例子，是心理语言学研究探讨的对象，并被用来测试人工智能的能力。正确分析句子的困难在于读者倾向于将"old"解释为形容词。阅读此处时，句法分析机制希望后面是一个名词，然后当读到"man"时会假设短语"old man"的结构为"限定词/形容词—名词"。当读到紧随其后的另一个名词短语"the boat"时，无法与先前的分析建立起联系，因此被迫重新分析这个句子
（2）The complex houses married and single soldiers and their families.	这同样是另一个经常被引用的例子。和前面句（1）一样，最初的分析假设是把"The complex houses"当作名词短语来处理，但是读到"married"的时候发现之前建立的语义和句法联系无法继续进行，因为"The complex houses married"不符合语义上的逻辑性（房子不能结婚）。经历"花园路径"效应之后，处理机制回到句子开头进行另一种结构分析，将"The complex"理解为名词短语作为主语，"houses"作为谓语动词，之后的句子成分才能够顺利地连接到各个句法和语义的节点上
（3）The horse raced past the barn fell.	这个花园路径句同样为阅读者带来很多困难，因为"The horse raced"中的"raced"通常被分析为主动语态（过去时），因为其常常作为一个不及物动词出现。但当分析机制遇到"fell"时，发现无法将其连接到已经建立好的深层表征中，随即经历"花园路径"效应，并且被迫重新分析这个句子。正确的分析将"raced"看作过去分词，而 horse 是其直接宾语，而非主语。这个句子可以被替换为"The horse that raced past the barn fell."

另一种类型的结构歧义被称为主语/宾语歧义（Subject/Object

Ambiguities)。Juffs & Harrington（1996）①、Juffs（2004）② 以及 Felser & Roberts（2004）③ 通过自控速度的阅读实验，研究了不同语言背景的第二语言学习者如何解决句子中的暂时性歧义问题，比如"After Bill drank the water proved to be poisoned."这样的句子。与之前的实验一样，参与这些研究完成阅读实验的学习者似乎和母语者一样，都经历了"花园路径"效应。Felser & Roberts（2004）④ 调整了实验材料，提高动词后面的名词短语被处理成其直接宾语的逻辑可能性。结果发现，母语为希腊语的英语学习者在处理第二语言主语/宾语歧义时，比母语为英语的被试更容易受到这种逻辑可能性的影响，他们一开始面对这种模棱两可的句法分析可能时便不知所措，并且很难从错误分析中恢复过来。

一方面，上述第二语言处理研究的结果表明，第二语言学习者在解决目标语中的结构歧义时，毫不费力地提取并使用词汇—语义或语用信息。另一方面，已经在第一语言处理中得到证实的基于短语结构的句法分析原则是否在第二语言处理中处于指导地位，目前还没有得到独立的实验数据的支持（Clahsen & Felser, 2006a）⑤。

第二节 第二语言填充词—语缺依赖结构的处理

到目前为止，只有少数研究者对第二语言学习者填充词—语

---

① A. Juffs, and M. Harrington, "Garden-Path Sentences and Error Data in Second Language Processing Research", *Language Learning*, No. 46, 1996, pp. 286–324.

② A. Juffs, "Representation, Processing, and Working Memory in a Second Language", *Transactions of the Philological Society*, 2004, pp. 102: 199–225.

③ C. Felser, and L. Roberts, "Plausibility and Recovery from Garden Paths in Second Language Sentence Processing", Poster presented at AMLaP, Aix-en-Provence, September 2004.

④ Ibid.

⑤ H. Clahsen, and C. Felser, "Grammatical Processing in Language Learners", *Applied Psycholinguistics*, No. 27, 2006a, pp. 3–42.

缺依赖关系的实时处理进行过研究。Juffs & Harrington（1995）①研究了中国高级英语学习者对 WH – 疑问句的在线处理。他们发现，与英语母语者相比，中国英语学习者在处理主语提取（如1a）和宾语提取（如1b）时有特殊困难。具体来说，（1a）中的主语提取导致第二个动词"crashed"后面区域的阅读时间比（1b）中（宾语提取）的相应部分要慢。

（1a）What does the man think t crashed into the car? (Subject Extraction)

（1b）What does the man think the car crashed into t? (Object Extraction)

Pritchett（1992）② 认为，在上面这两种类型的句子中，WH 短语最初被赋予了"think"的主语角色，也就是说，句法分析机制正在使用主动填充策略（Active Filler Strategy）（优先处理语缺的分析策略）。这两种类型的句子在"think"之后的部分出现了较大的处理时间上的差异，因为主语提取条件（1a）下经历"花园路径"效应而重新展开句法分析所耗费的成本比宾语提取（1b）更高。然而，如果读者使用"语缺驱动"（Gap Driven）的句法分析策略（语缺作为最后手段策略），也会得到同样的结果。在主语提取的情况下，由于两个动词"think"和"crashed"的连接顺序不合语法，因此产生了"花园路径"效应，而第二个动词的阅读时间较慢，这可以反映出语缺处理的成本。在宾语提取的条件下，直到句子结束时才有语缺的出现，因此在动词之后的思考区域的阅读时间相对较短。

---

① A. Juffs, and M. Harrington, "Parsing Effects in Second Language Sentence Processing: Subject and Object Asymmetries in *WH*-Extraction", *Studies in Second Language Acquisition*, No. 17, 1995, pp. 483 – 516.

② B. L. Pritchett, *Grammatical Competence and Parsing Performance*, Chicago: University of Chicago Press, 1992.

第五章 国外第二语言句子处理研究

Juffs（2005）① 使用了与 Juffs & Harrington（1995）② 相似的材料，对母语为汉语、日语和西班牙语的英语学习者进行了研究。在这项研究中，学习者从限定从句（Finite Clause）中提取语法主语的难度高于从非限定分句（Non-Finite Clause）中提取语法主语，母语为日语的学习者经历的处理难度比母语为汉语或西班牙语的学习者更大。然而，学习者工作记忆广度的差异似乎并不影响他们的在线阅读成绩。Juffs（2005）③ 认为，对于学习者从限定从句中提取 WH 的问题，可以从另外的角度进行解释：他们对两个限定动词的同时出现感到惊讶。

Williams，Möbius & Kim（2001）④ 对第二语言加工中的填充词—依赖效应做了研究。具体来说，该研究考察了第二语言学习者在句法分析过程中对逻辑约束性是否敏感。实验句子涉及两种条件下的附属词提取，如（1a）和（1b）所示。

（1a）*Which friend* did the gangster hide the car for *t* late last night? —plausible-at-V！

（1b）*Which cave* did the gangster hide the car in *t* late last night? —implausible-at-V！

在（1a）中，句首的 WH 短语"which"是动词"hide"的一个潜在的直接宾语；而在（1b）中情况则不同，因为二者之间缺乏主谓搭配的逻辑可能性。之前的研究表明，英语为母语者

---

① A. Juffs, "The Influence of First Language on the Processing of *WH*-Movement in English as a Second Language", *Second Language Research*, No. 21, 2005, pp. 121 – 151.

② A. Juffs, and M. Harrington, "Parsing Effects in Second Language Sentence Processing: Subject and Object Asymmetries in *WH*-Extraction", *Studies in Second Language Acquisition*, No. 17, 1995, pp. 483 – 516.

③ A. Juffs, "The Influence of First Language on the Processing of *WH*-Movement in English as a Second Language", *Second Language Research*, No. 21, 2005, pp. 121 – 151.

④ J. Williams, P. Möbius and C. Kim., "Native and Non-Native Processing of English *WH*-Questions: Parsing Strategies and Plausibility Constraints", *Applied Psycholinguistics*, No. 22, 2001, pp. 509 – 540.

最初倾向于将前 WH 短语作为动词"hide"的直接宾语进行分析，而这种错误的分析导致当遇到动词的真实宾语时，处理难度和阅读时间的增加（Stowe, 1986）①。在 Williams 等人（2001）②的自控步速的阅读实验中，母语为汉语、韩语和德语的英语学习者在电脑屏幕上逐字逐句地阅读句子，并按下停止按钮来表示他们认为句子不符合逻辑的节点。基于在线句子理解本质上是线性递增的处理观点，该研究预测，如果学习者采用填充驱动策略（Filler Driven Strategy）或语缺驱动策略（Gap Driven Strategy, 优先处理语缺），那么两种情况下的 WH 短语都将作为动词的宾语进行初步分析。但处理到动词后面的名词短语"the car"时，产生了一个语缺被占据的意外效果，处理机制需要在这一点上重新分析，因而消耗了较长的阅读时间。如果一个语缺仅仅被认为是避免不合语法的最后分析手段，那么就不会有语缺被占据的意外效果。

  Williams 等人（2001）③的研究结果表明，在"动词符合逻辑"（plausible-at-V）的实验条件下（1a）动词后的名词比在"动词不符合逻辑"（implausible-at-V）条件下（1b）动词后的名词可能需要更长的阅读时间。这表明母语者和第二语言学习者都认为 WH 填充词是动词的直接宾语，而 WH 填充词作为动词直接宾语的逻辑合理性也影响了再分析的难易程度。学习者的母语似乎对他们处理实验句子的方式没有任何影响。然而，只有母语者在动词后名词短语的限定语（Determiner）处表现出逻辑性再选

---

① L. Stowe, "Parsing WH-Constructions: Evidence for Online Gap Location", *Language and Cognitive Processes*, No. 1, 1986, pp. 227 – 245.

② J. Williams, P. Möbius and C. Kim., "Native and Non-Native Processing of English WH-Questions: Parsing Strategies and Plausibility Constraints", *Applied Psycholinguistics*, No. 22, 2001, pp. 509 – 540.

③ Ibid.

第五章 国外第二语言句子处理研究

择的效果。根据 Williams 等人（2001）① 的研究，在母语组中观察到的填充词效应在较早的位置出现（限定语处），这表明他们对限定词所提供的句法线索有更高的敏感性。

同时，Williams 等人（2001）② 的阅读时间研究结果表明，第二语言学习者在处理填充词依赖时也采用了填充驱动策略。与以英语为母语的人一样，第二语言学习者似乎试图尽快将前置 WH 短语与潜在的子范畴整合起来。此外，Williams 等人（2001）③ 和 Juffs & Harrington（1995）④ 的研究结果都表明，第二语言学习者修改最初的错误分析可能比母语者更困难。

总的来讲，上述研究证明，第二语言学习者与母语者在句法处理上存在一定的相似之处：在实验条件下，他们都倾向于将被移位的成分（前置的填充词）与其潜在的子范畴整合在一起；并且在处理含有填充词—语缺依赖关系的句子时，他们对有关逻辑合理性的信息都表现出敏感性。然而，Juffs & Harrington（1995）⑤、Juffs（2005）⑥ 和 Williams 等人（2001）⑦ 的实验无法帮助我们区分基于动词的驱动（Verb Driven）和基于结构驱动（Structure Driven）的填充词处理策略。他们的结果可以解释为动词的直接关联假说（Direct Association Hypothesis，DAH）或语迹再激活假

---

① J. Williams, P. Möbius, and C. Kim., "Native and Non-Native Processing of English WH-Questions: Parsing Strategies and Plausibility Constraints", *Applied Psycholinguistics*, 2001, No. 22, pp. 509 – 540.

② Ibid.

③ Ibid.

④ A. Juffs, and M. Harrington, "Parsing Effects in Second Language Sentence Processing: Subject and Object Asymmetries in *WH*-Extraction", *Studies in Second Language Acquisition*, No. 17, 1995, pp. 483 – 516.

⑤ Ibid.

⑥ A. Juffs, "The Influence of First Language on the Processing of *WH*-Movement in English as a Second Language", *Second Language Research*, No. 21, 2005, pp. 121 – 151.

⑦ J. Williams, P. Möbius, and C. Kim., "Native and Non-Native Processing of English WH-Questions: Parsing Strategies and Plausibility Constraints", *Applied Psycholinguistics*, No. 22, 2001, pp. 509 – 540.

说（Trace Reactivation Hypothesis，TRH），因此存在致命的弱点。

第三节 两种重要的填充词—语缺依赖结构

我们前面提到，很多对第二语言填充词依赖关系的研究测试材料（句法填充类型方面）都存在致命的缺陷。比如，Juffs & Harrington（1995）[1]、Williams等人（2001）[2] 的实验句子中的所谓语缺位于动词或其他词的后面。

Pickering & Barry（1991）[3] 认为，如果所谓的语缺位于动词或其他子范畴之后，那么句法定位的操作可以通过"直接关联"的过程来解释。在这种过程中，句法分析机制只是将论元填充词链接到子范畴（Subcategorizer），而不是以句法语缺为核心的分析模式。许多研究的结果可以用语迹再激活假说（Trace Reactivation Hypothesis，TRH）或直接关联假说（Direct Association Hypothesis，DAH）两种句法分析方法中的任意一个来解释。这是因为阅读时间上的差异出现在句子中的某个节点上，而在这个节点上，论元被赋予了主题角色。事实上，所有英语语法分析模型都假设语法分析机制试图尽早将论元映射到主题角色上。这在 Pritchett（1992）[4] 中被例示为广义Theta附着原理（Generalized Theta

---

[1] A. Juffs, and M. Harrington, "Parsing Effects in Second Language Sentence Processing: Subject and Object Asymmetries in *WH*-Extraction", *Studies in Second Language Acquisition*, No. 17, 1995, pp. 483–516.

[2] J. Williams, P. Möbius, and C. Kim., "Native and Non-Native Processing of English *WH*-Questions: Parsing Strategies and Plausibility Constraints", *Applied Psycholinguistics*, No. 22, 2001, pp. 509–540.

[3] M. Pickering, and G. Barry, "Sentence Processing Without Empty Categories", *Language and Cognitive Processes*, No. 6, 1991, pp. 229–259.

[4] B. L. Pritchett, *Grammatical Competence and Parsing Performance*, Chicago: University of Chicago Press, 1992.

Attachment)，在 Pickering & Barry（1991）① 的研究中被解释为直接关联原理（Direct Association）。

因此，这些研究中观察到的阅读时间的增加发生在语缺之后的区域，原因可能是由于学习者试图根据直接关联原则通过语义联想将 WH 短语前置词与其子范畴直接联系起来。这样，实验的结果并不能为学习者在实时处理过程中使用基于短语结构或基于句法语缺的再激活策略假设提供直接的证据。这些研究中的被试可能直接将 WH 填充词与动词联系起来。当实际的主题或论元出现时，他们必须修正此前的分析。因此，在第二语言学习者身上观察到的发生在动词后面的填充词效应可能反映了纯粹的主题关联，而不是主题和句法的再分析过程（Marinis et al.，2005）②。

为了区分上面的这两种可能（语迹再激活或直接关联），我们很有必要发现一种特殊的结构，使得句法语缺不出现在动词之后。这样的结构包括中间语缺（Intermediate Gap）和主语填充语缺（Subject Filled Gap）。

一 中间语缺

在许多有关依赖关系的句法理论中，许多研究者都认为存在着一种特殊的中间语言结构形式。这种结构中存在的填充词与其最终语缺之间的依赖关系跨越一个以上的句法节点（Marinis et al.，2005）③。近年来，心理语言学家研究了英语母语者对含有长距离 WH 依赖的句子的加工过程，发现了第一语言句子加工中中

---

① M. Pickering, and G. Barry, "Sentence Processing Without Empty Categories", *Language and Cognitive Processes*, No. 6, 1991, pp. 229 – 259.

② T. Marinis, L. Roberts, C. Felser, and H. Clahsen, "Gaps in Second Language Sentence Processing", *Studies in Second Language Acquisition*, No. 27, 2005, pp. 53 – 78.

③ Ibid.

间语缺存在的心理现实性。

　　为了解释某些长距离依赖结构是否符合句法规则，语言学家已经提出了含有从句的长距离依赖结构里的中间语缺的存在（Chomsky，1971[1]，1981[2]，1986[3]；Gazdar，Klein，Pullum & Sag，1985[4]）。中间结构假说（Intermediate Structure Hypothesis）（Gibson & Warren，2004）[5]是一种解释从句里长距离依赖结构如何在实时语言处理中得以实现的假说。例如，在乔姆斯基（1971）[6]的句法框架中，短语在从深层结构到表层结构的推导过程中，每一步最多只能跨越一个边界节点，其中 NP 和 IP 是英语句子中的边界节点。一步跨越两个或多个边界节点的运动违反了隶属原则（Subjacency Principle）。为了解释从句之间无限依赖的语法性，乔姆斯基提出，通过跨越中间从句的句法分析过程可以分两步进行，并在中间从句的指定位置留下一个语迹。因此，虽然一次长距离的句法移动违反语法规则，但是两个较短的句法移动则是符合语法规则的（Gibson & Warren，2004）[7]。在中间分句边界处这样一个空的语法范畴叫作中间语缺（Intermediate Gap）。看下一组例句。

　　（1a）Who did the president claim *t* that the proposal had pleased

---

[1] N. Chomsky, "Deep Structure, Surface Structures, and Semantic Interpretation", In D. D. Steinberg and L. A. Jakobovits (eds.), *Semantics*, Cambridge: CUP, 1971.

[2] N. Chomsky, *Lectures on Government and Binding: The Pisa Lectures*, Mouton de Gruyter, 1981.

[3] N. Chomsky, Barriers, *Linguistic Inquiry Monograph* 13, MIT Press, 1986.

[4] G. Gazdar, E. Klein, G. K. Pullum & I. A. Sag, *Generalized Phrase Structure Grammar*, Oxford: Blackwell, 1985.

[5] E. Gibson, and T. Warren, "Reading-Time Evidence for Intermediate Linguistic Structure in Long-Distance Dependencies", *Syntax*, No. 7, 2004, pp. 55–78.

[6] N. Chomsky, "Deep Structure, Surface Structures, and Semantic Interpretation", In D. D. Steinberg and L. A. Jakobovits (eds.), *Semantics*, Cambridge: CUP, 1971.

[7] E. Gibson, and T. Warren, "Reading-Time Evidence for Intermediate Linguistic Structure in Long-Distance Dependencies", *Syntax*, No. 7, 2004, pp. 55–78.

第五章 国外第二语言句子处理研究

t?

(1b) * Who did the president claim which proposal had pleased t?

在 (1a) 中，WH 前置词可以被解释为动词 "pleased" 的宾语，因此动词之后用语缺符号 t 表示。如果一步完成从动词 "pleased" 的宾语位置到矩阵 CP 说明符（Specifier）位置的移动，则该移动将跨越两个边界节点，从而违反了隶属原则。嵌入式 CP 的说明符位置为远程移动提供了一个中间着陆点，因此从目标位置到该位置的移动只穿过一个边界节点，而从这个位置到矩阵 CP 说明符位置的后续移动穿过另一个边界节点，如图 5-1 所示。

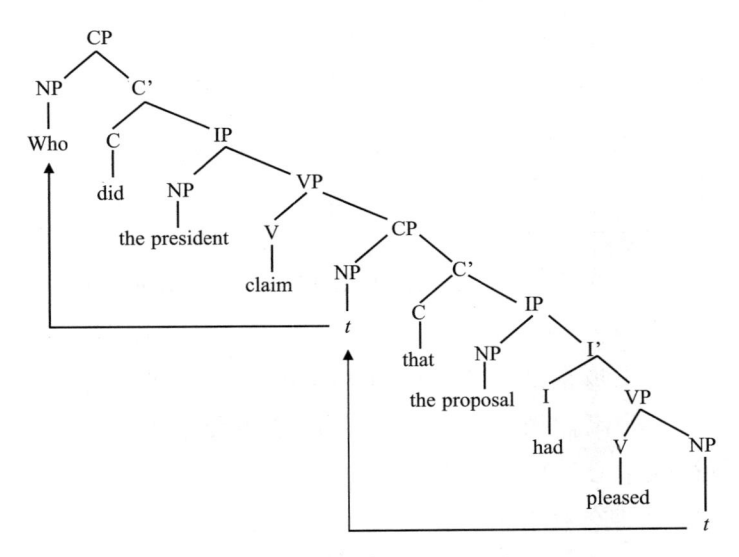

图 5-1 句子 (1a) 的句法树形图 (Gibson & Warren, 2004)①

---

① E. Gibson, and T. Warren, "Reading-Time Evidence for Intermediate Linguistic Structure in Long-Distance Dependencies", *Syntax*, No. 7, 2004, pp. 55-78.

与图 5-1 相反，图 5-2 中从动词的宾语位置到矩阵从句中的 CP 说明符位置的移动跨越了两个边界节点：嵌入从句和矩阵从句节点。由于中间节点的 CP 说明符位置已被填充，因此不存在可以放置中间语缺的位置。因此，这一移动违反了隶属原则。

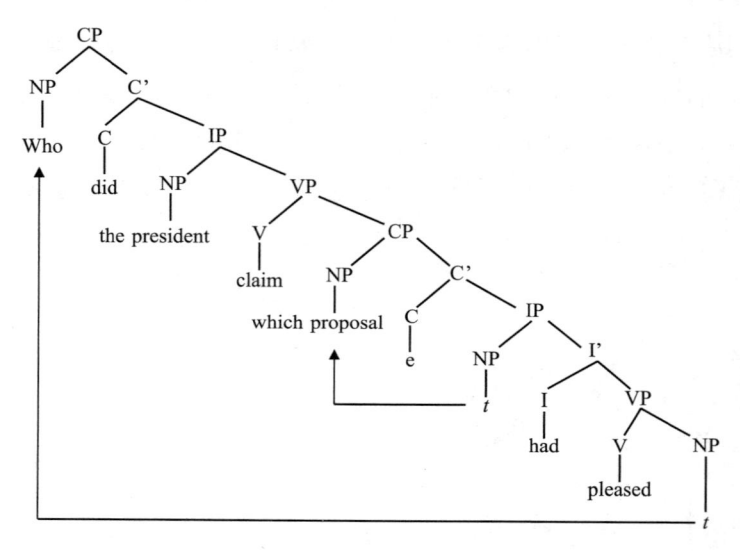

图 5-2 句子（1b）的句法树形图（Gibson & Warren, 2004）①

非转换生成语法（Nontransformational Generative）理论中也承认这种长距离依赖关系的存在。在这些理论中，一个前置元素的特征从中心词位置传递给其从属元素，从而发生位移。为了避免这种理论中不符合语法的长距离依赖关系的出现，在中心词和依赖成分之间存在特征传递的约束和限制。例如，按照广义短语结构语法（Generalized Phrase Structure Grammar）（Gaz-

---

① E. Gibson, and T. Warren, "Reading-Time Evidence for Intermediate Linguistic Structure in Long-Distance Dependencies", *Syntax*, No. 7, 2004, pp. 55–78.

dar et al., 1985①）和中心词驱动的短语结构语法（Head Driven Phrase Structure Grammar）（Pollard & Sag, 1994②）的规定，WH 前置词提取过程中从中心词传递到依赖结构的特征称为斜线特征。斜线特征可以像（1a）中那样传递给大多数右分支依赖项，但是对于跨越多个节点的斜线传递特征有一定限制，如（1b）（Gibson & Warren, 2004）③。

中间语缺涉及的长距离移动和整合更具挑战性，处理时间也更长。因此，中间结构假设预测，与没有中间着陆点的结构形成对比，当处理含有中间结构的长距离依赖结构时，WH 填充词的特征移动到最终语缺位置的时间应该更快。这是因为如果没有中间结构，这样的连接将更长（Gibson & Warren, 2004）④，会耗费更多的处理资源，如图 5-2 所示。

（2a）跨越动词短语的移位（Extraction across an VP）（存在中间语缺）：

The manager who the consultant claimed that the new proposal had pleased *t* will hire five workers tomorrow.

根据最新的句法理论，一些共有索引（Coindexed）的语言结构存在，并协调填充词和嵌入宾语位置在动词"pleased"之后的关联，如图 5-3 所示。

如果从句"the consultant claimed"以名词短语的形式出现，则不存在前置词"who"和动词"pleased"之后宾语位置之间的中间结构。

---

① G. Gazdar, E. Klein, G. K. Pullum, and I. A. Sag, *Generalized Phrase Structure Grammar*, Oxford: Blackwell, 1985.

② C. Pollard, and I. A. Sag, *Head-Driven Phrase Structure Grammar*, Chicago: University of Chicago Press, 1994.

③ E. Gibson, and T. Warren, "Reading-Time Evidence for Intermediate Linguistic Structure in Long-Distance Dependencies", *Syntax*, No. 7, 2004, pp. 55–78.

④ Ibid.

第二语言句法分析机制研究

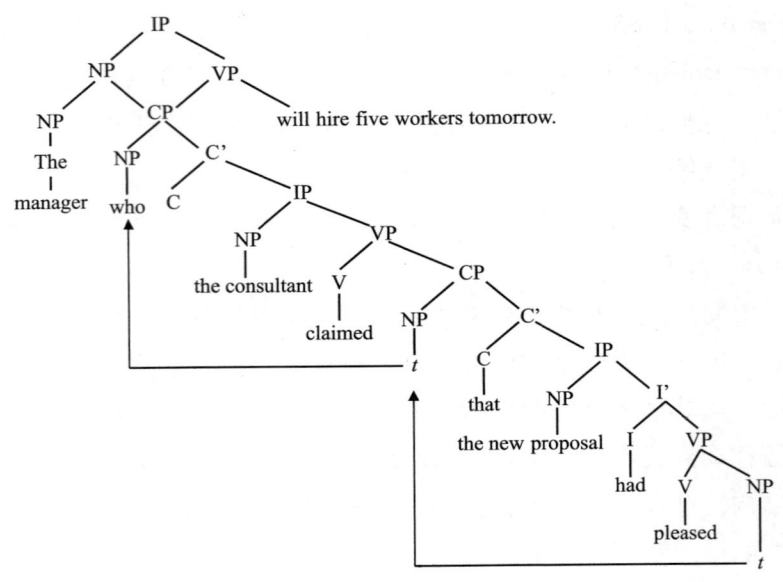

图 5-3 句子（2a）的句法树形图（Gibson & Warren, 2004）①

（2b）跨越名词短语的移位（Extraction across an NP）（不存在中间语缺）：

The manager who the consultant's claim about the new proposal had pleased *t* will hire five workers tomorrow.

在（2b）中，如果没有中间结构连接填充词"who"和动词"pleased"，那么动词"pleased"与句首的填充词的整合要比其在（2a）中利用中间结构进行整合所跨越的距离更长（例如，在空范畴理论下与动词"claimed"后的空范畴的整合）。因此，从中间结构假设可以预测，在（2a）中处理关键语言区域比在（2b）中处理同一区域要快速（Gibson & Warren, 2004）②。因此，通过比较被试在两个句子动词区的阅读时间差，我们可以知道被试是

---

① E. Gibson, and T. Warren, "Reading-Time Evidence for Intermediate Linguistic Structure in Long-Distance Dependencies", *Syntax*, No. 7, 2004, pp. 55-78.

② Ibid.

否使用了（2a）中的中间语缺。

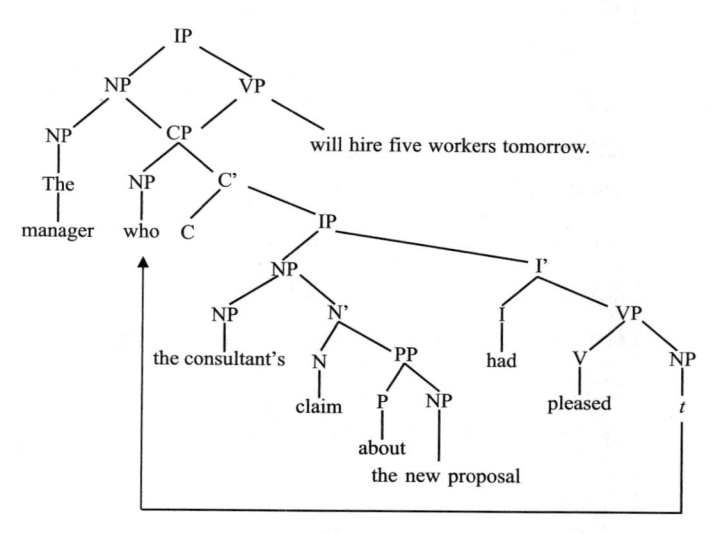

图 5-4　句子（2b）的句法树形图（Gibson & Warren, 2004）①

为了解释这些语言结构中间语缺的心理现实性，Gibson & Warren（2004）②研究了英语母语者对含有长距离 WH 依赖结构的语法句子的处理过程。结果发现，中间语缺作为移动着陆点的存在有助于填充词与其子范畴的整合，从而为中间语缺在第一语言句子处理中的心理现实提供了间接证据。

Marinis et al.（2005）③对来自不同母语背景的英语第二语言学习者与以英语为母语的被试一起进行了一项自控步速阅读研究。他们的研究结果表明，对照组（以英语为母语的人）可以在句子理解过程中利用这种中间语缺，因为在含有中间语缺结构的

---

① E. Gibson, and T. Warren, "Reading-Time Evidence for Intermediate Linguistic Structure in Long-Distance Dependencies", *Syntax*, No. 7, 2004, pp. 55-78.
② Ibid.
③ T. Marinis, L. Roberts, C. Felser, and H. Clahsen, "Gaps in Second Language Sentence Processing", *Studies in Second Language Acquisition*, No. 27, 2005, pp. 53-78.

句子中，他们更容易将填充词与其子范畴整合在一起，而第二语言学习者似乎无法利用这种中间语缺。

一方面，Marinis et al.（2005）① 研究的主要缺陷是未能将英语水平纳入实验设计，这可能会使第二语言学习者对这种特殊语言结构的在线处理产生潜在影响。另一方面，他们所有的研究对象都生活在以英语为主的环境中。正如一些研究者（Dussias，2003②；Papadopoulou，2005③）所指出的那样，接触目标语言的数量和质量是他们的第二语言发展的关键因素。因此，有必要对没有生活在目标语言环境中的第二语言学习者进行调查，并将他们的句法分析机制与母语者进行比较。此外，正如研究者们自己所指出的，在得出任何结论之前，中间语缺的第二语言处理研究需要重复进行。

二 主语填充语缺

与中间结构语缺一样，主语填充语缺也是出现在动词之前的一种句法语缺，可以成功地避免语义关联的可能性。采用主语填充语缺作为实验材料的研究主要考察测试对象在遇到一个 WH 前置词的时候，句法分析机制是否一直采用主语语缺的分析，从而对于随后出现的名词短语感到意外。此类研究的关键是寻找一个出现在动词之前的主体位置上的主语填充语缺效应。

(1a) My brother wanted to know who Ruth will bring us home to t at Christmas.

---

① T. Marinis, L. Roberts, C. Felser, and H. Clahsen, "Gaps in Second Language Sentence Processing", *Studies in Second Language Acquisition*, No. 27, 2005, pp. 53 – 78.

② P. Dussias, "Syntactic Ambiguity Resolution in Second Language Learners: Some Effects of Bilinguality on L1 and L2 Processing Strategies", *Studies in Second Language Acquisition*, No. 25, 2003, pp. 529 – 557.

③ D. Papadopoulou, "Reading-Times Studies of Second Language Ambiguity Resolution", *Second Language Research*, No. 21, 2005, pp. 98 – 120.

第五章　国外第二语言句子处理研究

(1b) My brother wanted to know if Ruth will bring us home to Mom at Christmas.

如(1a)和(1b)所示，主语填充语缺与宾语填充语缺不同。以往对宾语填充语缺的研究发现，句子(1a)中的"us"的阅读时间比在(1b)中要长，这意味着语法分析机制最初是在动词"bring"后设置了一个宾语空缺，然后当真正的宾语"us"出现时感到十分惊讶。这种宾语填充效应可以通过填充词和子范畴化动词之间的直接关联，或者通过处理宾语填充语缺的句法分析来解释。换言之，宾语填充语缺中的填充效应可以用句子处理理论中的有语缺和无语缺两种观点来解释。

主语填充语缺效应发生在(1a)的"Ruth"处，而没有发生在(1b)的"Ruth"处。在句法分析机制读到前置词"who"之后，随即采用主语语缺分析，然后对句子的真实主语"Ruth"的出现感到惊讶；这种惊讶在(1b)中没有发生。有语缺和无语缺两种观点在对(1a)和(1b)中的"Ruth"的阅读时间上做出了不同的预测。一方面，根据无语缺/直接关联理论，当遇到前置词"who"时，分析机制不能形成任何涉及"who"的直接关联，因为还没有形成子范畴带来的关联。这意味着分析机制不应该被"Ruth"的出现打断，因为此时没有要修改的（错误的）直接关联。另一方面，根据有语缺存在的理论（语迹再激活假说，TRH），分析机制应该在前置词"who"之后放置一个语缺，并对"Ruth"的出现感到惊讶。

Stowe (1986)[①] 通过一个在线阅读任务首次在英语母语者身上测试了主语填充效应，实验材料包括(1a)和(1b)这样的句子。然而，两个句子之间在"Ruth"处的阅读时间没有显著差

---

① L. Stowe, "Parsing *WH*-Constructions: Evidence for Online Gap Location", *Language and Cognitive Processes*, No. 1, 1986, pp. 227–245.

异。Stowe 自己也指出，她的实验没有得到预期的主语填充效应，原因在于句法分析机制可以很轻松地从错误的主语语缺分析中恢复过来，而主语语缺分析几乎不需要语义上的加工。这主要是因为前置词"who"和主语"Ruth"在（1a）中的时间间隔太短，分析机制无法专注于主语填充语缺的处理。Gibson et al. (1994)① 从并行处理的角度给出了一个解释：在（1a）中，有两个结构是在前置词"who"之后构建的，一个有主题语缺，另一个没有主题语缺。由于这两个结构都不需要在工作记忆中进行维护，所以处理机制保持两个结构并行，因此可以轻松地处理两个结构的延续。

由于学者们对 Stowe 实验结果的解释不是十分满意，同时为了能够构建有语缺理论和无语缺理论各自论证上的有效性，Lee (2004)② 使用改进的实验材料来测试母语为英语的被试的主语填充效应。Lee (2004)③ 实验设计的关键是通过在前置 WH 短语和真实人称主语"Ruth"之间添加一个额外的短语来扩大二者的距离，从而放大了恢复填充词的初始主语分析的难度。Lee 的研究结果与有语缺的观点一致，表明英语母语者为前置的 WH 短语设置了主语语缺。

Lee (2004)④ 实验主要采用了以下的实验材料来考察主语填充语缺效应。

(1) That is the laboratory [which] Irene used a courier to deliver the samples to t.

(1a) [IP [NP That] [VP is [NP [NP the laboratory] [CP

---

① E. Gibson, G. Hickok, and C. T. Shutze, "Processing Empty Categories: A Parallel Approach", *Journal of Psycholinguistic Research*, No. 23, 1994, pp. 381 – 405.

② M. W. Lee, "Another Look at the Role of Empty Categories in Sentence Processing (And Grammar)", *Journal of Psycholinguistic Research*, No. 33, 2004, pp. 51 – 73.

③ Ibid.

④ Ibid.

第五章 国外第二语言句子处理研究

which [IP t ...

(1b) [IP [NP That] [VP is [NP [NP the laboratory] [CP which] [IP Irene ... t

(2) That is the laboratory [*to which*] Irene used a courier to deliver the samples *t*.

(2a) [IP [NP That] [VP is [NP [NP the laboratory] [CP [*to which*] [IP ... t

(2b) [IP [NP That] [VP is [NP [NP the laboratory] [CP [to which] [IP Irene ... t

在（1）和（2）中，主语填充语缺效应主要体现在"Irene"这个单词的阅读时间上。根据有语缺理论和主动填充策略（Active Filler Strategy）的说法，一旦识别出了填充词，分析机制就在第一个可能的结构位置设置一个语缺，并在（1a）中采用主语语缺的分析。分析机制对真实的词汇主语"Irene"的随后出现感到惊讶，因为这与之前的语缺分析不符，从而触发重新分析（1b）。在（2）中，分析机制在识别前置词"to which"后便开始搜索其语缺位置。在这一点上，有一个、两个或三个可能的结构延续：一个如（2）一样具有人称主语的限定关系子句；一个没有人称的非限定关系子句（例如"That is the laboratory to which to send your brightest students."）；也可能是一个有"后置"人称主语的限定关系子句（例如"That is the laboratory to which went my father."）。与（1）不同，这几种可能都不包含前置词"to which"的语迹/语缺，因此句法分析机制最有可能在（2）中设置一个非主语语缺。之后，当人称主语"Irene"出现在限定子句的主语位置时，分析机制并不感到惊讶，并且不会触发重新分析。因此，语缺处理理论（Gap Processing View），同主动填充策略一致，预测"Irene"在（2）中要比在（1）中处理得更快

(主语填充效应)(Lee, 2004)①。

因此,如果(1)中"Irene"的处理时间比(2)中更长,则能够证明有语缺理论,而否认无语缺理论。然而,即使有语缺理论是正确的,其关于主语填充语缺效应的预测的实验证据也可能很难获得。因为(1)中的"花园路径"效应很容易得到修正,所以 Stowe(1986)② 没有找到这种效应的证据。为了获得主语填充效应的更清晰的证据,Lee(2004)③ 的实验采用长度操纵来增加句法分析机制再分析的难度。(3)和(4)是添加的实验材料(改编自 Lee, 2004)④。

(3) That is the laboratory [*which*], on two different occasions, Irene used a courier to deliver the samples to *t*.

(3a) [IP [NP That] [VP is [NP [NP the laboratory] [CP *which* [IP *t* ...

(3b) (i) [IP [NP That] [VP is [NP [NP the laboratory] [CP *which* [IP [PP on two different occasions] *t* . . (pre-subject adjunct),

(ii) [IP [NP That] [VP is [NP [NP the laboratory] [CP *which* [IP *t* [VP [PP on two different occasions] . . (post-subject adjunct)

(3c) [IP [NP That] [VP is [NP [NP the laboratory] [CP *which* [IP [PP on two different occasions] Irene . . . *t*

(4) That is the laboratory [*to which*], on two different occasions, Irene used a courier to deliver the samples *t*.

---

① M. W. Lee, "Another Look at the Role of Empty Categories in Sentence Processing (and Grammar)", *Journal of Psycholinguistic Research*, No. 33, 2004, pp. 51 – 73.

② L. Stowe, "Parsing *WH*-Constructions: Evidence for Online Gap Location", *Language and Cognitive Processes*, No. 1, 1986, pp. 227 – 245.

③ M. W. Lee, "Another Look at the Role of Empty Categories in Sentence Processing (and Grammar)", *Journal of Psycholinguistic Research*, No. 33, 2004, pp. 51 – 73.

④ Ibid.

(4a) [IP [NP That] [VP is [NP [NP the laboratory] [CP [*to which*] [IP ... *t*

(4b) [IP [NP That] [VP is [NP [NP the laboratory] [CP [*to which*] [IP [PP on two different occasions] ... *t*

(4c) [IP [NP That] [VP is [NP [NP the laboratory] [CP [*to which*] [IP [PP on two different occasions] Irene ... *t*

（3）和（4）分别区别于（1）和（2），因为加入了一个位于从句开头（前置词"which"和人称主语"Irene"之间）的附加语。根据有语缺理论而对（3）和（4）中的前置词"which"，附加语和"Irene"的处理分别通过（3a）/（4a），（3b）/（4b）和（3c）/（4c）来说明。这两句话中的附加语延长了暂时的歧义区域，并且会使分析机制对（3）中"Irene"的重新分析，所以阅读时间比（1）中的相应位置更长。在（3b）中有两种处理可能，代表了在两种不同的情况下进行主语前附加语或者主语后附加语的分析（Lee, 2004）①。因为附加语有四个单词的长度，句法分析机制应该有足够的时间做出决定，并在每个句子中选择其首选分析。

简而言之，如果分析机制采用有语缺的处理，则包含主语填充语缺的（1）和（3）中的人称主语"Irene"的读取时间应该比不包含主语填充语缺的相应（2）和（4）更长。但是，如果分析机制采用无语缺的处理策略，则不会出现这种差异。

---

① M. W. Lee, "Another Look at the Role of Empty Categories in Sentence Processing (and Grammar)", *Journal of Psycholinguistic Research*, No. 33, 2004, pp. 51–73.

第六章　近十年来中国英语学习者句法处理的相关实证研究

近十年来，我国语言学研究者对第二语言句子处理问题的兴趣越来越浓厚。他们从不同的角度（工作记忆、特殊结构、母语处理的干扰等），通过不同的实验手段［自控步速阅读（Self-Paced Reading）、事件相关电位（Event-Related Potential）等］，考察了我国英语学习者实时处理目标语语句的情况，并取得了不错的成绩。本部分对过去十年我国语言学研究者所进行的有关第二语言句法处理的相关研究进行回顾和梳理，为下一部分讨论我国英语学习者句法分析机制的特点进行铺垫。

第一节　有关英语语缺处理的研究

前边我们介绍过，英语语缺是一个非常重要的句法概念。在实时语言处理中，母语者通常能够通过句子里各种句法线索对语缺进行识别，并且将前置词同最终语缺连接起来构建句法依赖关系。我国学者进行的语缺研究主要包括长距离依赖结构中的中间语缺（曹勇衡、俞理明，2009）[①]，以及主语填充语缺

[①] 曹勇衡、俞理明：《英语长距离依赖结构"中间空隙效应"研究》，《现代外语》2009年第1期。

第六章　近十年来中国英语学习者句法处理的相关实证研究

（曹勇衡，2010①；张晓鹏，2012②）。

曹勇衡、俞理明（2009）③的研究是国内第一篇发表在主流外语期刊上的有关第二语言语缺实证研究的文章。他们针对中国的高校英语学习者进行了长距离依赖结构中的中间语缺的处理研究。长距离依赖结构中的中间语缺是连接前置的WH短语及其最终语缺的纽带。之前的一些在线阅读实验发现，英语母语者在线处理这类句子时的确存在"中间语缺效应"。然而，第二语言学习者的相关研究仍然很少。曹勇衡、俞理明（2009）④便弥补了这一空白。他们以两组不同语言水平的中国英语学习者和一组英语母语者为被试，采用被试间（Between Subject）和被试内（Within Subject）设计的在线阅读任务，考察被试阅读过程中的"中间语缺效应"（Intermediate Gap Effect）。

他们的实验采用的20个实验句以 Marinis et al.（2005）⑤为基础，以大学英语四级词汇大纲中的常用单词替换较生僻的单词，避免被试由于对单词不熟悉而影响在线阅读的反应时间。变量"WH-提取"（包含提取和不提取两个水平）与变量"短语类型"（包含名词短语和动词短语两个水平）2×2交叉，构成每个实验句可能出现的四种情况。

（1）提取+动词短语：

The parents who the teacher thought that the careful student had surprised will give everybody a present.

---

① 曹勇衡：《中国英语学习者主语填充效应研究》，《外语教学与研究》2010年第1期。

② 张晓鹏：《中国学生英语句子加工中的句法—语义相互作用——来自语缺和生命性线索加工的证据》，《现代外语》2012年第2期。

③ 曹勇衡、俞理明：《英语长距离依赖结构"中间空隙效应"研究》，《现代外语》2009年第1期。

④ 同上。

⑤ T. Marinis, L. Roberts, C. Felser, and H. Clahsen, "Gaps in Second Language Sentence Processing", *Studies in Second Language Acquisition*, No. 27, 2005, pp. 53-78.

(2) 提取+名词短语：

The parents who the teacher's thoughts about the careful student had surprised will give everybody a present.

(3) 无提取+动词短语：

The parents said the teacher thought that the careful student had surprised everybody in the class.

(4) 无提取+名词短语：

The parents said the teacher's thoughts about the careful student had surprised everybody in the class.

他们的实验结果表明，母语为英语的被试在线阅读时，中间语缺的确出现在句法表征中，并有效缩短了前置词（WH 短语）融入动词论元结构的时间，这支持了有语缺论的观点。实验同时表明，人们在处理含有语缺的实验句时，会依靠句法分析机制将空语类（语迹）作为一个实际存在的成分进行处理和分析。中国英语学习者不能像英语母语者那样利用句中的中间空隙完成在线阅读任务，而两个水平组之间的表现并无显著差异。低分组和高分组被试阅读"WH－提取"句时，要比相应的"无 WH－提取"句花费了更多的时间，这是因为他们将填充词存储于工作记忆，并寻找可能的论元结构将其融入。曹勇衡、俞理明（2009）[①] 的实验并未发现中间语缺效应的存在，证明第二语言学习者在线阅读时，主要是通过一种词汇驱动的方式构建填充词与动词之间的依赖联系，并不存在空语类（语迹）的处理，这同无语缺论的观点相吻合。

曹勇衡（2010）[②] 研究了中国英语学习者在线处理主语填充

---

① 曹勇衡、俞理明：《英语长距离依赖结构"中间空隙效应"研究》，《现代外语》2009 年第 1 期。

② 曹勇衡：《中国英语学习者主语填充效应研究》，《外语教学与研究》2010 年第 1 期。

第六章　近十年来中国英语学习者句法处理的相关实证研究

语缺的情况。作者以两组不同语言水平的中国英语学习者和一组英语母语者为实验对象，采用含有主语填充语缺的实验句进行在线阅读实验，考察主语填充效应在第二语言学习者阅读过程中是否具有心理现实性。

研究使用的实验材料包括20个实验句（基于Lee，2004）①，采用大学英语四级词汇大纲常用单词替换较生僻的单词，避免被试因对单词不熟悉而影响在线阅读的反应时间。变量"长度"（包含"长""短"两个水平）与变量"主语语缺"（包含"有主语语缺""无主语语缺"两个水平）2×2交叉，构成每个实验句可能出现的四种情况（1）—（4）。

（1）短/有主语语缺

That is the college which John asked his son to apply for a study to.

（2）短/无主语语缺

That is the college to which John asked his son to apply for a study.

（3）长/有主语语缺

That is the college which, from time to time, John asked his son to apply for a study to.

（4）长/无主语语缺

That is the college to which, from time to time, John asked his son to apply for a study.

研究结果表明，英语母语者在线阅读过程中受到"主语填充效应"的影响。他们在阅读含有主语语缺的实验句时，遇到先行词后会立即启动主语语缺的分析；当从句真正主语出现时，不得不修改先前的句法分析，推迟为先行词寻找语缺位置的努力。

---

① M. W. Lee, "Another Look at the Role of Empty Categories in Sentence Processing (and Grammar)", *Journal of Psycholinguistic Research*, No. 33, 2004, pp. 51–73.

高分组第二语言学习者的在线阅读表现同英语母语者一致,他们同英语母语者一样经历了主语填充效应,在有主语语缺的实验条件下遇到从句的真正主语时不得不修改先前的分析,反应时间长于相对应无主语语缺的实验句。低分组第二语言学习者则不同,他们在两种实验条件下阅读从句主语的时间没有显著差异,表明他们并未启动主语语缺的句法分析。因此,作者认为,高分组第二语言学习者与英语母语者一样,采用了句法语缺驱动的处理策略,阅读过程受到了主语填充效应影响;低分组第二语言学习者则采用不同的处理策略,没有经历主语填充效应。第二语言学习者的句法分析机制表现出一种随语言水平的提高而接近英语母语者的趋势。

第二节　工作记忆对中国英语学习者句法处理的影响

任虎林、金朋荪(2010)[①] 探讨了工作记忆对不同英语水平的中国英语学习者处理两种自嵌式英语复杂句的差别。他们使用的测试材料是 16 个英语长句,其中 8 个实验句,8 个干扰句。8 个实验句包含 4 种复杂的句型:NP 结构句子(含复杂名词短语句)、PG 结构句子(寄生语缺句)。

NP 结构句:Tom thinks that the fact that keeping clothes clean is absolutely necessary surprises the waiter.

在这句话中,动补主语名词短语 NP(the fact)被嵌入了另一个补语结构"that keeping clothes clean is absolutely necessary"来进一步修饰 the fact。

PG 结构句:The student who John met after his girlfriend jilted

[①] 任虎林、金朋荪:《工作记忆对中国英语学习者处理自嵌式英语复句的影响》,《外语教学与研究》2010 年第 2 期。

took the eight o'clock bus.

第一个空位在动词 met 后面，第二个空位在 jilted 后面。第二个是第一个的衍生，空白填充是递归的。

结果表明，英语母语者处理时间最短，且成绩最好；工作记忆较强的中国英语学习者处理句子时间比工作记忆弱者短，但二者处理句子的结果（理解的准确率）几乎相同。这说明，工作记忆对中国英语学习者处理英语复杂句子的反应时间有一定作用，但对复杂句子处理结果的影响却微乎其微。

药盼盼、王瑞乐、陈宝国（2013）[①] 采用自定步速的实验范式，通过操纵动词偏好等信息，考察工作记忆容量的差异对第二语言（英语）句子加工中动词偏好信息利用的影响。实验结果表明，工作记忆的容量在一定程度上影响第二语言学习者动词偏好信息的利用，但是这种影响是有条件的，即影响只出现在句子加工对工作记忆要求相对较低时。

任虎林（2013）[②] 对中国英语学习者的工作记忆容量大小在两种复杂、少见的英语形态结构复句加工中的作用进行了探讨。作者认为，工作记忆容量大小是直接影响第二语言学习者复句阅读速度快慢的重要诱发因素，这种影响和第二语言复句的形态结构没有关系；工作记忆容量大小不是直接影响第二语言学习者复句理解时间和理解准确性的重要因素。作者认为，与母语者相比，第二语言学习者在第二语言复句加工过程中容易受到句法形态结构差异性的影响。

周正钟（2013）[③] 考察了加工水平与工作记忆容量对第二语

[①] 药盼盼、王瑞乐、陈宝国：《工作记忆容量对二语句子加工中动词偏好信息利用的影响》，《外语教学理论与实践》2013 年第 1 期。

[②] 任虎林：《工作记忆容量大小对二语复句加工的影响研究》，《中国外语》2013 年第 2 期。

[③] 周正钟：《加工水平与工作记忆容量对二语语块习得的影响——对"加工资源分配模型（TOPRA）"的考察》，《北京第二外国语学院学报》2013 年第 10 期。

言语块习得的影响。被试在三种不同的加工条件下学习24个目标语块，随后参加了语块形式的自由回忆和语块语义的自由回忆两种测验。结果发现：（1）语义加工（深加工）对语块语义习得具有促进作用，并且由于占用了对语块形式进行加工的资源，语义加工（深加工）对语块形式习得产生抑制作用；（2）工作记忆容量的个体差异对语块习得起作用，影响着语块语义、形式的有意习得；（3）语块的语义加工和形式加工之间基本上存在着竞争效应，并受工作记忆容量个体差异的影响。

常欣、徐璐娜、王沛（2017）[①]通过测量英—汉第二语言高度熟练者、中等熟练者和低熟练者的第二语言工作记忆容量，初步发现第二语言者的工作记忆容量的个体差异受到第二语言熟练度的影响，表现为第二语言熟练度水平越高，第二语言工作记忆容量越大。作者通过设置英语句子主谓一致性违例与否的判断任务，同时操纵第二语言熟练度和第二语言工作记忆容量，考察了工作记忆容量和第二语言熟练度各自对第二语言句法加工的影响及其可能的交互作用。研究结果表明，当工作记忆容量一致时，第二语言熟练度对于准确性和加工速度均有影响；当熟练度趋同时，工作记忆容量对于第二语言句法加工速度有着极其显著的影响。

第三节　中国英语学习者被动句式的处理情况

姜琳（2012）[②]进行了汉语—英语被动结构启动实验。结果显示，汉语有标记被动句和无标记被动句可以同等程度地启动英

[①] 常欣、徐璐娜、王沛：《二语熟练度和二语工作记忆容量对晚期英—汉二语者句法加工的影响：以主谓一致关系判断为例》，《外国语》2017年第3期。

[②] 姜琳：《被动结构的跨语言启动及其机制》，《现代外语》2012年第1期。

第六章 近十年来中国英语学习者句法处理的相关实证研究

语被动句。该结果否定了"被动结构跨语言启动源于介词启动效应"的观点,同时支持了"双语动词句法表征模型"。被动结构跨语言启动源于词条层句法表征的激活,其启动效应会受到语言间句法差异、被试的英语水平、实验任务的互动强度这三个因素的综合影响。

常欣、王沛(2013)[①]采用事件相关电势(Event-Related Potential,ERP)技术,以直译型英语被动句和意译型英语被动句作为实验材料,探讨了第二语言熟练度和语言间句法结构相似性对汉—英双语者英语被动句句法加工过程的影响。结果表明:高度熟练者的反应时间和正确率整体上优于中等熟练者。难易度不同的句法错误信息会直接影响被动句的加工,对明显有错误的句法信息的反应速度最快,"正确的局部句法信息"反应时间最长。对于有明显错误的句法信息的正确反应率最高,最根本的句法结构的错误信息最低。行为指标支持句法加工相似性效应——直译句反应快、正确率高;意译句反应慢、正确率低,并且此效应在中等熟练者身上表现更加明显。但是脑神经活动模式未表现出句法结构相似性效应,说明第二语言熟练度在英语被动句加工中具有更为显著的作用。

常欣、王沛(2014)[②]选取"直译型"被动句以及"意译型"被动句,探讨了动词语义复杂条件下第二语言熟练度对被动句加工过程的影响。结果表明:高度熟练者正确率高于中等熟练者,语义违例的正确率最高、反应时间最短,句法违例则与之相反。双违例引发的 N400 效应显著,正确句和句法违例均未引发负向的 N400;高度熟练者 P600 的波幅明显高于中等熟练者,句

[①] 常欣、王沛:《晚期汉—英二语者英语被动句句法加工的 ERP 研究》,《心理学报》2013 年第 7 期。

[②] 常欣、王沛:《语义复杂度对二语者英语被动句加工的影响》,《心理科学》2014 年第 6 期。

法违例和双违例引发的 P600 效应最显著。行为指标支持语言间句法加工相似性效应——直译句反应快、正确率高。直译句比意译句诱发出更大的 N400 效应，意译句则引发了较大的 P600 效应，说明第二语言熟练度对语言间句法加工相似性效应具有很强的调节作用。

第四节　中国英语学习者英语关系从句和长距离疑问句的处理情况

黄文红（2013）[①] 采用自定步速阅读实验考察以英语为第二语言的学习者与英语母语者加工主语和宾语关系从句的异同。实验结果显示，中国英语专业研究生能够像英语母语者那样利用句法信息为基础的积极填充词策略和语义信息来加工句子，而高中三年级学生则更多地依赖语义信息。据此可以推断，第二语言学习者能否像英语母语者那样使用句法信息来加工句子与语言水平密切相关。该研究对第二语言学习者句子加工模型的建立和英语教学均有一定的启示意义。

郑伟、周统权（2018）[②] 同样采用自定步速阅读的实验范式，考察了中国英语学习者在英语宾语关系从句和同位语从句上的加工差异。实验一的结果表明中国学习者存在英语宾语关系从句的加工优势：被试在加工宾语关系从句时，回答问题的正确率更高，加工的反应时间更短。实验二的结果证实了在孤立语境中附加语的加工比名词短语的加工更容易，说明词汇差异是影响两类句式加工难度的因素。总之，相较于英语同位语从句，中国英语

[①] 黄文红：《基于自定步速阅读实验的英语关系从句加工研究》，《外语电化教学》2013 年第 5 期。

[②] 郑伟、周统权：《中国英语学习者宾语关系从句与同位语从句加工研究》，《外语教学》2018 年第 5 期。

学习者在加工宾语关系从句时呈现出加工优势，这其中既有词汇因素也有句法因素，但句法因素影响更大。研究结果支持主动填充策略（Active Filler Strategy），表明中国英语学习者经历了与英语母语者类似的"空位填充效应"。

马志刚（2012a）[①] 首先对长距离疑问句的六种变体句的第二语言习得状况做出预测，然后以规范的实证调查方式加以验证。该研究发现，在中介语终端状态中，句式变体和信息地位之间的交互作用是影响长距离疑问句是否合法的主要因素，而现有研究大多只关注其中的一个因素，因此得出的结论都过于片面。

马志刚（2012b）[②] 以两个水平组的第二语言学习者为被试，实证调查了中国学生对英语长距离疑问句的习得状况。结果显示：第二语言语法中，使用频率高的固定表达式可形成原型模板，第二语言学习者可能是依据各种变体句与原型模板的相似度来确定其可接受程度的。

第五节　中国英语学习者对其他特殊句式的处理情况

王敏（2009）[③] 通过书面句子补全和口头图片描述任务的方式观察了两组不同水平的中国英语学习者产出英语双及物构式时的结构启动现象。研究发现，语言水平及任务类型均对结构启动效应具有显著性影响。具体表现为，高水平英语学习者对结构启动的敏感程度显著高于低水平英语学习者，口头图片描述任务中

[①] 马志刚：《英语长距离疑问句原型度和二语水平的交互效应研究》，《北京第二外国语学院学报》2012年第8期。

[②] 马志刚：《长距离疑问句/填充词—缺位构式的汉/英中介语终端状态研究》，《外语教学理论与实践》2012年第2期。

[③] 王敏：《语言水平及任务类型对第二语言产出中结构启动的影响》，《现代外语》2009年第3期。

的启动效应强于书面句子补全任务,且语言水平与任务类型无交互效应。

王启、屈黎娜（2012）[①] 以英语双及物结构为目标结构,以改良版同盟者脚本技术考察中国英语学习者第二语言交互中是否发生结构启动。目标结构为英语双及物结构：双宾和介宾。双宾结构为"主语+动词+间接宾语+直接宾语",如"Mom gives Sue a cake."。介宾结构为"主语+动词+直接宾语+to/for+间接宾语",如"Mom gives a cake to Sue."/"Mom makes a cake for Sue."。结果发现,占劣势的双宾结构有启动效应,占绝对优势的介宾结构则无启动效应；第二语言水平不能决定启动发生与否,但能影响其效应大小。启动输出可帮助学习者度过不当结构处于强势的第二语言阶段,从而促进第二语言发展。

赵晨（2014）[②] 运用结构启动范式考察了中国英语学习者及物句和不及物句的表征模式。实验材料中的及物句由主语 NP + 助动词 + 动词 ing 形式 + 直接宾语 NP 组成（如"The driver was following the policeman."）；不及物句由主语 NP + 助动词 + 动词 ing 形式组成（如"The driver and the policeman were following."）。

实验发现,当启动句为不及物结构时,高、低水平被试均倾向于产出不及物句；当启动句为及物结构时,低水平被试倾向于产出不及物句,但高水平被试倾向于产出及物句；高水平被试在两种启动条件下都有重复启动效应,而低水平被试则没有。这说明中国英语学习者的句法表征是一个发展的模式：从低水平学习者的以不及物句为原型的表征模式向高水平学习者的具体词汇表征模式发展。

[①] 王启、屈黎娜：《第二语言交互中的结构启动与第二语言发展》,《外语教学与研究》2012 年第 6 期。

[②] 赵晨：《二语句法表征中的范畴化：来自结构启动的证据》,《外语教学与研究》2014 年第 2 期。

第六章 近十年来中国英语学习者句法处理的相关实证研究

夏赛辉、汪朋（2017）① 以英语嵌入式特殊疑问句为目标结构，采用同盟者脚本技术考察句法启动能否促进第二语言复杂语法结构的产出及其影响因素，并验证句法启动机制假设。结果表明：（1）句法启动能促进第二语言复杂结构的产出，且效果能持续至少1周；（2）动词重复条件下目标结构产出显著增加，存在词汇增强效应；（3）英语语言水平未影响句法启动效应强度；（4）双重路径机制获得支持。

赵晨、姜申君（2019）② 通过两个实验探讨了不同水平的中国英语学习者在产出英语句子过程中概念结构与句法结构的互动关系。实验主要考察句法结构相同但题元角色数量不同的两种启动句（非限定性宾语提升句与宾语控制句）是否影响被试将目标句（限定性宾语提升句）回述成不定式形式。实验材料如下：

实验1

目标句　限定性宾语提升句

　　　　　Mike expected that his son would be successful.

启动句　非限定性宾语提升句

　　　　　Rebecca believed her new lawyer to be the best.

宾语控制句　Catherine ordered her secretary to be faster.

主语提升句　She appeared to be in her late thirties.

不及物句　The old man retired from the factory at 50.

实验2

目标句　限定性宾语提升句

　　　　　Mike expected that his son would be successful.

启动句　非限定宾语提升句（主动）

　　　　　Rebecca believed her new lawyer to be the best.

---

① 夏赛辉、汪朋：《句法启动与二语复杂结构学习》，《现代外语》2017年第1期。
② 赵晨、姜申君：《二语句子产出中概念结构对句法启动的调节作用》，《外语教学与研究》2019年第3期。

非限定宾语提升句（被动）
　　　　　　　Her new lawyer was believed to be the best.
主语提升句　She appeared to be in her late thirties.
不及物句　　The old man retired from the factory at 50.

实验结果表明，与控制句相比，低水平学习者倾向将目标句回述成限定形式，而高水平学习者倾向将目标句回述成不定式形式。这表明第二语言习得者的第二语言产出是一个动态发展的过程。

第六节　母语对目标语处理的影响

雷蕾、王同顺（2009）[①] 通过跨语言句法启动实验，研究汉英不平衡双语者的双语句法表征。结果表明，除汉英被动句启动实验外，其他实验均未出现启动效应。研究者认为，汉英不平衡双语者两种语言的句法表征并非完全而是部分共享的。另外，不平衡双语者的第二语言句法表征在向与第一语言句法表征共享的发展过程中，存在第一语言占支配地位的中间阶段。

龚少英（2010）[②] 对第一语言句子加工的事件相关电势（ERP）进行研究，提出了句子加工三阶段模型及对应的ERP成分。第二语言句子加工的ERP研究结果很不一致。从句子加工的ERP反应模式上来看，大多数研究发现第二语言学习者的ERP反应模式与母语者的ERP反应模式相比存在质的差异。少数研究发现第二语言学习者加工第二语言句子的ERP模式类似母语者，但其反应的时间进程、波幅或分布与母语者有显著差异。被试的学习年龄、熟练程度以及学习者的两种语言的相似性程度可能是

---

① 雷蕾、王同顺：《双语句法表征——来自汉英不平衡双语者句法启动的证据》，《现代外语》2009年第2期。
② 龚少英：《第二语言句子加工的ERP研究》，《心理科学》2010年第1期。

影响第二语言句子加工 ERP 反应的主要因素。

常欣、朱黄华、王沛（2014）[①] 分别以汉—英高水平晚期双语者和法—英高水平晚期双语者为被试，采用 ERP 技术，选取英语简化关系从句作为实验材料，同时考察跨语言句法相似与相异的句法属性对于第二语言句法加工过程的影响。结果显示：对于英语简化从句中特有属性"格"的加工，汉—英双语者和法—英双语者的行为数据没有显著差异，并且正确率很高，反应时很短，这说明汉—英双语者和法—英双语者离线加工水平很高；但是二者都未出现表示自动化句法加工的 LAN（早成分）效应。这样的结果表明：无论对于句法相似还是相异属性的加工，不同母语背景的第二语言学习者都未出现母语者的加工模式，进而支持浅层结构假说。

杨雯琴、秦亚勋、李鑫鑫（2019）[②] 聚焦于与挂靠歧义现象紧密相关、同具体词汇剥离而抽象程度较高的"句法层级构型信息"，考察它在中国英语学习者身上的跨语言启动效应。研究发现：（1）汉—英方向上，英语产出任务中存在跨语言启动效应，理解任务中也有类似趋势；（2）英—汉方向上，汉语理解和产出任务中均存在跨语言启动效应；（3）大部分启动效应发生在基线条件下不占优势的反应上，即存在反转偏好效应。这进一步印证了句法知识的独立性和双语句法表征的共享观。

王彧（2019）[③] 采用回忆实验和启动实验，验证双语者的句子回忆和信息提取是否与双语双重编码模型的预测一致。研究结

[①] 常欣、朱黄华、王沛：《跨语言句法结构相似性对二语句法加工的影响》，《外语教学与研究》2014 年第 4 期。
[②] 杨雯琴、秦亚勋、李鑫鑫：《中国英语学习者句法层级构型信息的跨语言启动研究》，《外语教学与研究》2019 年第 2 期。
[③] 王彧：《从句子回忆和信息提取看双语双重编码理论》，《外语教学与研究》2019 年第 3 期。

果显示，使用英—汉双语编码的被试在自由回忆测验中的表现显著优于使用英语编码的被试，且该结果在第二语言熟练程度较高和较低的被试中均显著，同模型预测一致；第二语言水平较低的被试在跨语言提取抽象信息时，反应时间显著长于语言内提取，符合模型预测；第二语言水平较高的被试反应时间无显著差异，不符合模型预测。

第七节　特殊词语对中国英语学习者句子处理的影响

张辉、卞京、王茜（2017）[①] 通过 ERP 实验探究不同水平的中国英语学习者是如何习得规则动词及不规则动词过去时的。实验采用了违反范式，通过在过去时态语境下将动词原形形式替代过去时形式的方式对句子进行违反，并要求被试对句子的语法可接受性进行判断。就行为数据而言，高水平组比低水平组在准确率和反应时间上均有更优的表现。依据 ERP 数据，就高水平组而言，规则动词过去时违反引发大脑双侧分布的前额负波及后续的 P600，不规则动词则仅仅引发了晚期正波；就低水平组而言，规则动词过去时违反引发了从 400 毫秒起始的晚期正波，而不规则动词则没有产生任何脑电成分。这一结果表明，首先，在不考虑水平的前提下，中国英语学习者对规则和不规则动词过去时态的习得均表现出了不同的加工机制。其次，高水平组和低水平组在处理动词过去时态时表现出来不一样的加工模式，相较于低水平组，高水平组引发了更为丰富的脑电效应，并且伴随着形态句法的自动加工。

---

① 张辉、卞京、王茜：《不同水平的中国英语学习者英语过去时加工机制的 ERP 研究》，《外语教学》2017 年第 2 期。

马志刚、王家明（2018）①采用了离线任务和在线任务的方法研究了英语主语、宾语心理动词结构中的逆向回指。离线语法判断任务所测量的中介语显性语法知识显示，英语主语、宾语心理动词结构中的逆向回指可从母语隐性知识转换为第二语言显性知识。然而，针对约束共指的自定步速阅读研究显示，在英语宾语型心理动词结构中，逆向回指的在线即时处理过程并非基于层级性的结构关系；成分统制对于成人第二语言者不可及的中介语表现说明，第二语言句子理解可能是一个回溯性的反思过程，从而使成人第二语言者可以利用其元语言知识来遮蔽较为迟缓甚至钝化的中介语心理过程，浅结构假设因之得以部分验证。

赵晨（2018）②考察了动词事件结构中的终结性和及物性对高水平中国英语学习者英语暂时歧义句在线加工的影响。结果显示，如果关系从句动词为终结动词，其后介词和名词短语的阅读时间显著少于非终结动词；如果从句动词为及物动词，其后介词和名词短语的阅读时间与非及物动词没有差异。结果表明动词的终结性影响但及物性不影响第二语言句子的即时理解，说明在第二语言句子加工中，动词表征中的信息不是全部被激活，而是选择性激活。这种选择性的激活机制与第二语言知识表征的融合度有关。

徐晓东、陆翙翙、匡欣怡、吴诗玉（2019）③采用自定步速阅读的在线测量方法，探讨了高、低水平中国英语学习者阅读由 before 和 after 所衔接句子的反应快慢，以及句中百科知识正

---

① 马志刚、王家明：《英语主、宾语型心理动词结构中约束共指的成人二语理解实证研究》，《外语教学与研究》2018 年第 6 期。
② 赵晨：《二语暂时歧义句在线加工中的动词事件结构效应》，《外语教学与研究》2018 年第 3 期。
③ 徐晓东、陆翙翙、匡欣怡、吴诗玉：《不同时间连词对中国英语学习者语用加工的影响》，《外语教学与研究》2019 年第 1 期。

误如何受这两种不同连词的影响。该研究由两个双因素2（连词类型：after、before）×2（百科知识一致性：百科知识一致、百科知识不一致）实验组成。此外还有第三个因素，即英语熟练度，为分组变量。在after句中，句尾关键词可能与百科知识相符，如（1a），也可能不符，如（1b），两种条件的差别在于句尾关键词的不同。同样，在before句中，句尾关键词可能与百科知识相符，如（2a），也可能不符，如（2b）。由此构成四种实验条件：

after 一致句（1a） After/the/heavy/rain,/the/city/was/wet.
after 不一致句（1b） After/the/heavy/rain,/the/city/was/dry.
before 一致句（2a） Before/the/heavy/rain,/the/city/was/dry.
before 不一致句（2b） Before/the/heavy/rain,/the/city/was/wet.

结果显示，对于after条件来说，百科知识不一致句的反应时间显著长于百科知识一致句；而对于before条件来说，百科知识的一致与否并不影响阅读时间。此外，虽然在百科知识一致的情况下，after句与before句的反应时间没有明显差别，但当句中存在百科知识不一致时，after句的阅读速度要慢于before句。这一结果表明，不同的时间连词与语用信息相互作用共同影响第二语言句子理解，而英语熟练程度则未对这一结果产生实质性影响。

第八节 语义同语法信息的交互作用

常欣、张国礼、王沛（2009）[①] 通过设计不同违例类型（语

---

① 常欣、张国礼、王沛：《中国二语学习者英语句子加工的心理机制初探：以主动句为例》，《心理学报》2009年第6期。

第六章 近十年来中国英语学习者句法处理的相关实证研究

义单违例、句法单违例、双违例）及不同的违例词位置（句中、句尾），运用 ERP 技术初步探讨了中国大学生第二语言（英语）学习者英语简单句的心理加工过程。该实验包括两个自变量（违例类型和违例位置）。第一个自变量包括三个水平：语义违例、句法违例以及双违例。第二个自变量有两个水平：句尾违例与句中违例。如表 6-1 所示：

表 6-1　　　　　违例类型和违例位置示意表

句中	句尾
（1a）正确句	（2a）正确句
The little boy plays with the doll.	The article is too hard to understand.
（1b）句法违例句	（2b）句法违例句
The little boy play with the doll.	The article is too hard to understanding.
（1c）语义违例句	（2c）语义违例句
The little boy feels with the doll.	The article is too hard to wash.
（1d）双违例句	（2d）双违例句
The little boy feel with the doll.	The article is too hard to washing.

研究结果发现，中间句法单违例诱发了早期左前负波（ELAN），句尾句法单违例引发了正波（P600）。句尾语义单违例诱发的负波（N400）波幅显著大于中间语义单违例，即存在违例关键词的位置效应。较之单违例，语义—句法双违例诱发的 N400 与 P600 波幅变化呈非对称性。语义—句法双违例句诱发的 P600 波幅大于句法单违例句；语义—句法双违例引发的 N400 波幅均小于语义单违例句。这说明句法与语义加工之间存在交互作用，句法加工在很大程度上受到语义加工的影响，句法加工对语义加工的影响较小。

第二语言句法分析机制研究

张晓鹏（2012）① 以主语语缺和生命性线索为切入点，用中、高水平组的中国英语学习者和英语母语者为被试，采用"有/无语缺—有/无生命性"交叉组合的四种实验句进行了自定步速阅读实验，考察被试在加工这四种实验句时句法和语义线索的相互作用。实验材料包括下面四种情况：

（1）无生命/有主语语缺

That is the laboratory ［which］, on two different occasions, Lucy used a boy to deliver the samples to t.

（2）无生命/无主语语缺

That is the laboratory ［to which］, on two different occasions, Lucy used a boy to deliver the samples t.

（3）有生命/有主语语缺

That is the man ［who］, on two different occasions, Lucy used a boy to deliver the samples to t.

（4）有生命/无主语语缺

That is the man ［to whom］, on two different occasions, Lucy used a boy to deliver the samples t.

结果显示，主语语缺和生命性在中、高水平的中国被试加工实验句时都具有影响效应；英语母语者在加工同等实验句时则主要依靠语缺驱动的策略，生命性几乎不具有影响效应。由此可见，中国英语学习者和英语母语者在线加工英语句子的心理机制不同。

徐浩、高彩凤（2013）② 探讨了跨语言构式启动中句法和语义的启动力，即句法因素和语义因素对跨语言构式启动的激活能

---

① 张晓鹏：《中国学生英语句子加工中的句法—语义相互作用——来自语缺和生命性线索加工的证据》，《现代外语》2012 年第 2 期。

② 徐浩、高彩凤：《跨语言构式启动中句法和语义的启动力研究》，《现代外语》2013 年第 1 期。

第六章 近十年来中国英语学习者句法处理的相关实证研究

力。结果发现：（1）句法和语义在跨语言构式启动中都具有启动力，但句法的启动力对跨语言构式启动过程的激活具有首要作用，强于语义的启动力；（2）句法和语义的启动力通过不同的机制实现：句法的启动力主要通过带有句法标记的词汇启动实现，且需要句法标记在句中占据凸显位置作为条件，而语义的启动力则可能与概念启动有关。

李霄翔、黄嫣、季月（2018）[①] 采用 ERP 技术，以英语虚拟语气中 it 引导的主语从句为实验材料，将句中关键动词（should）省略作为主要切入点，考察不同水平的中国英语学习者对英语虚拟语气的认知加工过程及神经机制。通过比较两组被试在无违例、句法违例、语义违例以及句法、语义双违例条件下的行为数据和 ERP 数据变化，探讨第二语言熟练度是否对英语虚拟语气加工过程产生影响。实验材料按关键动词违例类型具体划分为无违例句、句法违例句、语义违例句和句法、语义双违例句四种类型。例如：

无违例：It is necessary that the door keep closed at night.

句法违例：It is necessary that the door keeps closed at night.

语义违例：It is necessary that the door taste closed at night.

句法、语义双违例：It is necessary that the door tastes closed at night.

该研究结果表明，高、低水平组被试在英语虚拟语气加工过程中存在本质差异——前者以句法加工为中心，支持句法中心说；后者在句子加工的第三阶段（500—700ms）中语义信息影响了句法加工过程，支持语义中心说。同时，高水平组较低水平组诱发了更为丰富的类母语者脑电成分，说明第二语言熟练程度会

[①] 李霄翔、黄嫣、季月：《中国英语学习者英语虚拟语气加工的 ERP 研究——以 it 引导的主语从句为例》，《外语教学与研究》2018 年第 4 期。

影响句子加工机制。

林立红、胡春巧、于善志（2019）[①]在具身语言认知框架内，对中国英语学习者词汇语义加工与具身相对性的关系进行了实证研究。结果发现，具身相对性对中国英语学习者第二语言动词加工的影响与英语母语者的反应模式相比既有趋同也有趋异：中低水平中国英语学习者与英语母语者的反应模式基本一致，而高水平英语学习者的反应模式则与英语母语者相异。同时，高水平英语学习者与中低水平英语学习者加工不同具身等级动词的组间差异明显：前者的准确率高，加工成本也高；后者的准确率较低，加工成本也较低。研究者从跨语言影响、第二语言动词语义丰富度、第二语言词汇加工方式等方面对研究结果进行了分析和解释。

[①] 林立红、胡春巧、于善志：《中国英语学习者动词语义加工与动词具身相对性关系实证研究》，《外语教学与研究》2019年第1期。

第七章　中国英语学习者句法分析机制的特质

综合近十年来有关我国英语学习者句法分析机制的研究可以发现，中国英语学习者的句法分析机制具有特定的特点。从本质上讲，他们在处理相关实验材料时，体现出同英语母语者所不一样的机制和过程。与此同时，中国英语学习者的英语水平对于其语言处理的过程也有重要的影响。因为语缺处理在句法处理中占有非常重要的地位，本部分主要依据针对我国英语学习者目标语语缺处理的研究（曹勇衡，2009[①]，2010[②]；张晓鹏，2012[③]；郑伟、周统权，2018[④]），同时也参考其他第二语言句法处理的研究，讨论我国英语学习者的句法分析机制的特征和问题。

第一节　中国英语学习者的第二语言处理机制与英语母语者有质的不同

句子处理研究的一个重要发现是，我国英语学习者和英语母

[①] 曹勇衡：《基于阅读时间的二语习得者句子空隙处理研究》，博士学位论文，上海交通大学，2009年。
[②] 曹勇衡：《中国英语学习者主语填充效应研究》，《外语教学与研究》2010年第1期。
[③] 张晓鹏：《中国学生英语句子加工中的句法—语义相互作用——来自语缺和生命性线索加工的证据》，《现代外语》2012年第2期。
[④] 郑伟、周统权：《中国英语学习者宾语关系从句与同位语从句加工研究》，《外语教学》2018年第5期。

第二语言句法分析机制研究

语者在实时句子处理过程中运用语法知识的能力存在质的差异。尽管中国英语学习者在回答离线和在线理解问题时都表现出很高的准确率,但他们缺乏利用句法信息自动构建句子深层表征的能力。换言之,这表明第二语言句法分析可能不像母语处理那样具有自动化的特点。

Clahsen & Felser(2006a[①],2006b[②])和Papadopoulou(2005)[③]等研究也已经探讨了第二语言句子加工的自动化问题。例如,Clahsen & Felser(2006a)[④] 认为第二语言学习者对目标语言的处理速度可能低于英语母语者,而这可能反映出其自动性的缺乏。需要注意的是,在第二语言处理的研究中,我们关注的不是处理的绝对速度(即谁处理输入材料的速度更快),而是自动使用语法知识在句子中的结构点识别句法语缺的能力。显然,与母语者相比,第二语言学习者的语法加工能力减弱了。换言之,英语母语者可以使用的语言处理机制可能只对第二语言学习者部分可用。

为了解释这种减弱的自动性,我们可以假设第二语言学习者使用不同的处理和表征系统。一方面,从实验中第二语言学习者回答理解问题的高准确度得分中可以看出,他们对"显性"(即有意识的)知识的语法表达保持完整;另一方面,他们在实时处理中不能或很少使用"隐性"(即无意识的)知识。

[①] H. Clahsen, and C. Felser, "Grammatical Processing in Language Learners", *Applied Psycholinguistics*, No. 27, 2006a, pp. 3-42.

[②] H. Clahsen, and C. Felser, "Continuity and Shallow Structures in Language Processing", *Applied Psycholinguistics*, No. 27, 2006b, pp. 107-126.

[③] D. Papadopoulou, "Reading-Times Studies of Second Language Ambiguity Resolution", *Second Language Research*, No. 21, 2005, pp. 98-120.

[④] H. Clahsen, and C. Felser, "Grammatical Processing in Language Learners", *Applied Psycholinguistics*, No. 27, 2006a, pp. 3-42.

第七章 中国英语学习者句法分析机制的特质

这一解释与陈述式/程序式模式（Paradis 1994[①]，1997[②]，2004[③]；Ullman 2001[④]，2004[⑤]，2006[⑥]）提出的内容一致。根据这个模型，分别有两种不同的脑记忆系统负责母语的语言表达和处理：一种是位于大脑颞叶结构中具有词汇记忆功能的陈述性记忆系统，另一种是位于大脑额叶区域的负责处理组合规则的程序记忆系统。然而，第二语言学习者在语法的心理表达和加工方式上与母语者不同。

在这个模型中，一方面，母语的句法处理依赖于存储在程序记忆中的"隐性"知识，因此母语的句法分析是快速、无意识且自动的。另一方面，第二语言学习者并不具有类似的语言程序性记忆系统，因此他们倾向于主要依赖陈述性记忆来存储有关第二语言的知识（Clahsen & Felser, 2006a）[⑦]。所以关于第二语言的知识在很大程度上是"显性"或有意识的知识，而不是一组可以自动使用的内在处理过程（Paradis, 2004）[⑧]。第二语言学习者在

[①] M. Paradis, "Neurolinguistic Aspects of Implicit and Explicit Memory: Implications for Bilingualism and SLA", In N. Ellis (ed.), *Implicit and Explicit Language Learning*, London: Academic Press, 1994, pp. 393 – 419.

[②] M. Paradis, "The Cognitive Neuropsychology of Bilingualism", In A. De Groot & J. Kroll (eds.), *Tutorials in Bilingualism: Psycholinguistic Perspectives*, Mahwah, NJ: Erbaum, 1997, pp. 31 – 354.

[③] M. Paradis, *A Neurolinguistic Theory of Bilingualism*, Amsterdam: John Benjamins, 2004.

[④] M. Ullman, "The Neural Basis of Lexicon and Grammar in First and Second Language: The Declarative/Procedural Model", *Bilingualism: Language and Cognition*, No. 4, 2001, pp. 105 – 122.

[⑤] M. Ullman, "Contributions of Memory Circuits to Language: The Declarative/Procedural Model", *Cognition*, No. 92, 2004, pp. 231 – 270.

[⑥] M. Ullman, "The Declarative/Procedural Model and the Shallow Structure Hypothesis", *Applied Psycholinguistics*, No. 27, 2006, pp. 97 – 105.

[⑦] H. Clahsen, and C. Felser, "Grammatical Processing in Language Learners", *Applied Psycholinguistics*, No. 27, 2006a, pp. 3 – 42.

[⑧] M. Paradis, *A Neurolinguistic Theory of Bilingualism*, Amsterdam: John Benjamins, 2004.

第二语言句法分析机制研究

第二语言学习中可能表现出高度的熟练程度或流利程度，以至于他们在某些方面具有程序性记忆系统的自动性。然而，第二语言加工所涉及的心理过程与第一语言加工所涉及的心理过程具有本质的不同。

第二语言学习者缺乏处理自动性的解释也符合浅层结构假设（Shallow Structure Hypothesis，SSH）的理论基础（Clahsen & Felser，2006a[1]，2006b[2]）。浅层结构假说的核心是深层解析和浅层解析之间的区别。以英语为母语的人能够进行完整的句法分析，从而获得句子完整的深层表征。第二语言学习者只能遵循浅层的句法分析路径，仅仅依靠非句法信息来理解句子。完整的解析路径对第二语言学习者来讲不可用，或者只有部分可用。然而，Clahsen & Felser（2006a[3]，2006b[4]）未能解释为什么第二语言学习者对完全解析路径的访问受限。尽管如此，我们认为第二语言学习者只能进行浅层结构处理的重要原因之一是他们的句法处理机制缺乏自动化的特点。

第二语言学习者的句子加工缺乏自动化的观点得到了其他使用特殊技术的第二语言处理研究的进一步支持。很多研究使用了事件相关电势（后文统称 ERP）对第二语言句子处理进行了考察，结果显示，第二语言学习者还没有能够显示出早期自动结构构建过程的 LAN 效应。例如，Hahne（2001）[5] 和 Hahne &

---

[1] H. Clahsen, and C. Felser, "Grammatical Processing in Language Learners", *Applied Psycholinguistics*, No. 27, 2006a, pp. 3 – 42.

[2] H. Clahsen, and C. Felser, "Continuity and Shallow Structures in Language Processing", *Applied Psycholinguistics*, No. 27, 2006b, pp. 107 – 126.

[3] H. Clahsen, and C. Felser, "Grammatical Processing in Language Learners", *Applied Psycholinguistics*, No. 27, 2006a, pp. 3 – 42.

[4] H. Clahsen, and C. Felser, "Continuity and Shallow Structures in Language Processing", *Applied Psycholinguistics*, No. 27, 2006b, pp. 107 – 126.

[5] A. Hahne, "What's Different in Second-Language Processing? Evidence from Event-Related Brain Potentials", *Journal of Psycholinguistic Research*, No. 30, 2001, pp. 251 – 266.

第七章 中国英语学习者句法分析机制的特质

Friederici（2001）[①]发现德语母语者和第二语言学习者阅读存在句法错误实验句时进行的最初的句法分析中存在质的差异。当实验句含有违反语法的短语结构时，在德语母语者处理句法信息的过程中出现了两个不同的 ERP 成分——早期脑前部负电势和 P600。然而，第二语言学习者身上没有表现出早期脑前部负电势，也没有表现出 P600 成分或 P600 成分的延迟。根据现有的 ERP 研究，在输入刺激开始后 100—300 毫秒内出现的脑前部负电势，是早期的句法结构自动构建过程的反映。而后面的 P600 成分与句子信息的整合和再分析过程相关（Friederici, 2002）[②]。在这些研究中观察到的差异表明，第二语言学习者处理句法信息的方式不同于母语者，并且在第二语言句子理解过程中，基于结构的自动处理程序的应用受到限制。

　　经过前面的分析我们可以认为，第二语言句子处理要比母语句子处理自动化程度低。然而，我们需要弄清楚的另一个关键问题是，第二语言句子处理在多大程度上缺乏自动性，这个问题在陈述式/程序式模型或者浅层结构假设中没有得到回答。一种解释是程序记忆被划分成不同的子成分，其中一些对第二语言学习者来说是不可用的，而另一些仍然有效。例如，一些第二语言语缺处理的研究结果表明，高水平的第二语言学习者群体处理含有主语语缺的实验句时表现出与母语者群体相似的处理机制。然而，在中间语缺的处理实验中，他们很难利用中间语缺，并且表现出与英语母语者不同的处理机制。这表明他们第二语言处理的连续性和程序记忆的模块化性质。为了验证上述假设，还需要更

[①] A. Hahne, and A. Friederici, "Processing a Second Language: Late Learners' Comprehension Mechanisms as Revealed by Event-Related Brain Potentials", *Bilingualism: Language and Cognition*, No. 4, 2001, pp. 123 – 141.

[②] A. Friederici, "Towards a Neural Basis of Auditory Sentence Processing", *Trends in Cognitive Sciences*, No. 6, 2002, pp. 78 – 84.

多的研究来发现程序性记忆的哪些成分对第二语言学习者是可用的，哪些成分又是不可用的。

同时，我们还需要解答第二语言处理缺乏自动化的原因。许多学者倾向于用生物学的方法来解释。例如，Weber-Fox & Neville (1996)[①] 提出，在第二语言习得中，全自动句法分析路径的可用性可能受到一个关键时期的影响。Ullman (2004)[②] 认为，成人第二语言习得中完全句法分析的可用性降低最终是由于青春期前后发生的神经生物学变化，从而重申了年龄因素在第二语言习得中的重要性。然而，这种情况实际上要复杂得多，因为缺乏自动性可能是由影响第二语言学习者的内部和外部因素共同作用的结果，这些因素包括年龄、第二语言接触时间、沉浸程度和在第二语言中的语言输入。在得出任何明确结论之前，需要对这些问题进行更多的研究。

第二节 中国英语学习者在语缺处理过程中无法充分利用句法信息

有关第二语言句子处理的研究普遍发现，第二语言学习者在在线处理过程中不能够充分利用句法信息来构建深层的句法表征。这与 Van Patten (1996[③], 2000[④], 2004[⑤]) 提出的关于第二

[①] C. Weber-Fox, and H. Neville, "Maturational Constraints on Functional Specializations for Language Processing: ERP and Behavioral Evidence in Bilingual Speakers", *Journal of Cognitive Neuroscience*, No. 8, 1996, pp. 231–256.

[②] M. Ullman, "Contributions of Memory Circuits to Language: The Declarative/Procedural Model", *Cognition*, No. 92, 2004, pp. 231–270.

[③] B. Van Patten, *Input Processing and Grammar Instruction*, Chestnut Hill, NJ: Ablex, 1996.

[④] B. Van Patten, "Thirty Years of Input (Or Intake, the Neglected Sibling)", In B. Swierzbin, F. Morris, M. E. Anderson, C. A. Klee & E. Tarone (eds.), *Social and Cognitive Factors in Second Language Acquisition*, Somerville, MA: Cascadilla Press, 2000, pp. 287–311.

[⑤] B. Van Patten (ed.), *Processing Instruction: Theory, Research, and Commentary*, Mahwah, NJ: Lawrence Erlbaum, 2004.

第七章 中国英语学习者句法分析机制的特质

语言加工中形式与意义关系的输入加工模型是一致的。

比如，在测试中间语缺效应的实验中（曹勇衡，2009）[①]，这一现象最为明显。在提取/动词短语的实验条件下，中间语缺效应作用于中间的分句边界处的关系代词。在实时阅读过程中，英语母语者可以在这个中间登录点识别前置词 WH 短语时重新激活该填充词，并将其用于填充词与其子范畴动词的整合。然而，英语学习者并没有表现出任何中间语缺效应，这意味着他们遇到的关系代词并没有能够将前置词激活。换言之，他们没有利用语言输入中的重要句法信息进行填充整合。另外，英语学习者在线理解问题回答获得了很高的准确率，表明他们已经能够通过成功地处理各种语义信息来理解句子的含义。这一现象表明，在在线阅读过程中，第二语言学习者倾向于将更多的加工资源分配给带有内容意义的词汇，而不是带有语法信息的词汇。

在主语填充的实验中（曹勇衡，2010）[②]也出现了同样的现象，即低水平英语学习者在实时阅读中未能区分两种填充词的语法功能。而英语母语组和高水平英语学习者组可以分别识别出一个主语语缺和一个非主语语缺，表明他们对句法线索敏感。

输入加工模型（Input Processing Model，IP）（Van Patten，1996[③]，2000[④]，2004[⑤]）对第二语言学习者句子加工中形式与意

[①] 曹勇衡：《基于阅读时间的二语习得者句子空隙处理研究》，博士学位论文，上海交通大学，2009年。

[②] 曹勇衡：《中国英语学习者主语填充效应研究》，《外语教学与研究》2010年第1期。

[③] B. Van Patten, *Input Processing and Grammar Instruction*, Chestnut Hill, NJ: Ablex, 1996.

[④] B. Van Patten, "Thirty Years of Input (Or Intake, the Neglected Sibling)", In B. Swierzbin, F. Morris, M. E. Anderson, C. A. Klee & E. Tarone (eds.), *Social and Cognitive Factors in Second Language Acquisition*, Somerville, MA: Cascadilla Press, 2000, pp. 287 – 311.

[⑤] B. Van Patten (ed.), *Processing Instruction: Theory, Research, and Commentary*, Mahwah, NJ: Lawrence Erlbaum, 2004.

义的关系给出了合理的解释。如之前我们提到的,输入处理(IP)模型为广泛观察到的第二语言处理过程提供了心理语言学解释。在语言习得早期,第二语言学习者经常遇到某些特殊的语法形式而经历处理上的困难,例如英语中的助动词等携带重要语法信息但没有实际意义的单词。输入加工模型的一些原则中概述了第二语言学习者的处理行为。原则(p1b)认为,当实词和助词有相同的编码,并且两者都存在于句子/话语中时,学习者关注的是实词而不是助词。(p1b:学习者更倾向于处理实词而不是具有语法意义的助词,从而获得句子的语义信息。)

尽管像关系从句这样的语法形式不能传达语义,但它们是语法信息的重要载体,可以帮助人们获得句子的潜在句法表征。这些形式也表明了输入话语中的词与更大的语言系统的组织之间的关系。

事实上,在第二语言习得过程中,语法形式或功能词对句子理解的重要性早已为心理语言学家所承认。因此,Kimball(1973)[1] 的功能线索词策略解决了这个问题。最初,这种策略是为了解释第一语言句子的处理过程,而 Kimball 认为,功能/语法词是表示短语或句子语法结构的非常可靠的线索。这些词包括限定词和量词、介词、代词、助词和连词。Clark & Clark (1977)[2] 根据一组识别和标记成分的专门策略定义了该策略。

一些关于第二语言学习者句法歧义消解的研究(Felser et al., 2003[3])也证实了第二语言学习者在在线处理过程中未能利

---

[1] J. P. Kimball, "Seven Principles of Surface Structure Parsing in Natural Language", *Cognition*, No. 2, 1973, pp. 15 – 47.

[2] H. H. Clark, and E. V. Clark, *Psychology and Language*, New York: Harcourt Brace Jovanovich, 1977.

[3] C. Felser, L. Roberts, R. Gross, and T. Marinis, "The Processing of Ambiguous Sentences by First and Second Language Learners of English", *Applied Psycholinguistics*, No. 24, 2003, pp. 453 – 489.

用句法信息的观点,其中学习者在分析歧义句时似乎更多地依赖非结构信息。

这些形式可能给第二语言学习者带来困难的原因有很多。输入处理模型认为,实验观察到的处理困难有一个根本原因,即有限的处理能力。由于第二语言学习者在实时处理过程中所能获得的处理资源或能力有限,他们可能很难在线整合不同层次的信息源。因此,实时处理迫使学习者在处理输入的句子时有选择性,从而导致对带有重要内容意义的实词进行关注,而牺牲了那些表示更抽象语法结构关系的词。

总之,现有研究表明,我国的英语学习者对英语功能词/语法词所传达的句法信息不能够充分处理,这可以部分地用输入加工模型来解释。然而,在什么情况下第二语言学习者对语法形式上的识别有困难,为什么他们会做出这样的反应,仍然需要进一步的调查才能得出确切的结论。

第三节 中国英语学习者的句子处理机制可能受到第一语言处理机制的影响

同第二语言习得的其他研究问题一样,第二语言处理加工研究也同样需要考虑第二语言学习者的母语的影响。这是因为成人第二语言学习者的大脑中已经形成了一套以母语为基础的完善的语法能力和加工系统。在第二语言句子加工过程中,句法分析机制可能会不知不觉地使用适合母语的加工策略。然而,如果第二语言学习者将不适合于他们第二语言加工的母语加工策略迁移到实时处理中,那么这很可能成为他们在第二语言中获得提高语法能力和流利性的障碍。

现有的研究观察到第二语言英语学习者与英语母语者存在一个显著差异:英语母语者阅读实验句子的平均时间要快于第二语

言英语学习者。这很容易理解，因为第二语言英语学习者的母语同英语有着完全不同的书写系统，所以阅读和处理目标语句子的速度要慢得多。然而，如前所述，这种处理速度的差异不是第二语言处理研究的重点，因为我们要探索第二语言学习者的句法分析机制，就需要考察学习者自身在不同实验条件下对特定句子片段的阅读时间的变化。

一方面，汉语是一种 WH 原位语言，其表层结构缺乏明显的 WH 移动。例如，汉语中的 WH 短语在疑问句中的位置与陈述句中的位置相同，因此不需要英语句法里的语迹或语缺来解释。另一方面，英语允许 WH 短语从其在深层结构中的规范位置移动到表层结构中的不同位置。这种语言特征的差异可能会对第二语言学习者在线阅读英语填充词依赖结构产生影响。我们前面介绍过的中间语缺和主语语缺的处理实验中都体现出第二语言学习者同英语母语者处理语缺的明显区别，而这种差异可能源自第二语言学习者母语的干扰。

我国学者对于母语对目标语处理过程的影响有着浓厚的兴趣，也取得了不小的成绩。其中一个重要的领域是句子加工的 ERP 研究（龚少英，2010）[1]。从句子加工的 ERP 反应模式上来看，大多数研究发现第二语言学习者的 ERP 反应模式和母语者具有本质的差异；少数研究发现第二语言学习者加工第二语言句子的 ERP 模式类似母语者，但其反应的时间进程、波幅或分布与母语者有显著差异。被试的第二语言学习年龄、熟练程度以及学习者的两种语言的相似程度可能是影响第二语言句子加工 ERP 反应的主要因素。

雷蕾、王同顺（2009）[2] 的研究表明，汉英不平衡双语者两

---

[1] 龚少英：《第二语言句子加工的 ERP 研究》，《心理科学》2010 年第 1 期。
[2] 雷蕾、王同顺：《双语句法表征——来自汉英不平衡双语者句法启动的证据》，《现代外语》2009 年第 2 期。

种语言的句法表征并非是完全共享的，而是部分共享的。另外，不平衡双语者的第二语言句法表征在向与第一语言句法表征共享的发展过程中存在第一语言占支配地位的中间阶段。

第四节　第二语言水平对中国学生语缺处理的影响

我们之前介绍过的有关语缺处理的实验（曹勇衡，2009[①]，2010[②]）显示，母语为英语的被试都采用了句法语缺策略。在中间语缺效应实验中，中间语缺的存在有助于它们重新激活前置的WH短语，缩短填充词与最终语缺之间的线性距离。因此，与没有中间语缺的相应提取/名词短语实验条件相比，英语母语被试花在读取提取/动词短语实验条件上的时间更短。在主语填充语缺的实验中，阅读前置的WH短语会触发被试语缺分析机制，因此他们对两个主语填充语缺实验句的人称名词处感到惊讶。为了更正先前的错误结构分析，他们在主语语缺条件句中对人称名词的阅读时间比非主语语缺条件下相应语段的阅读时间更长。

与此同时，第二语言学习者的表现有所不同。来自低水平组的第二语言学习者在在线阅读过程中无法识别实验句子中的句法信息，也没有使用句法语缺分析策略。在中间语缺效应的实验中，提取/动词短语条件下的中间语缺的存在似乎对填充词的整合没有起到促进作用，使得在提取/动词短语和提取/名词短语之间的读取时间没有显著差异。在主语填充语缺的实验中，他们在遇到前置WH短语后没有识别出后面的主语语缺。因此在主语语

[①] 曹勇衡：《基于阅读时间的二语习得者句子空隙处理研究》，博士学位论文，上海交通大学，2009年。
[②] 曹勇衡：《中国英语学习者主语填充效应研究》，《外语教学与研究》2010年第1期。

缺填充的实验条件下，他们对人称名词的出现并不感到惊讶。

高水平组的第二语言学习者既不同于英语母语者，也不同于低水平组的第二语言学习者。在测试中间语缺效应的实验中，他们的阅读时间表现与低水平的第二语言学习者相似。中间语缺的存在并没有帮助他们将填充词和语缺进行整合。然而，在主语填充语缺的实验中，他们的表现与母语为英语的被试相似。在阅读WH前置词之后分析机制便识别了一个主语语缺，因此对人称名词的出现感到惊讶。这意味着高水平的第二语言学习者在两个实验中采用了不同的句法分析策略，一个是在实验测试中采用句法语缺策略，另一个是在实验测试中采用语义关联策略。

这一研究结果不同于其他一些相关研究。比如，张晓鹏（2012）[①] 以主语语缺和生命性线索为切入点，以中、高水平组的中国英语学习者和英语母语者为被试，采用"有/无语缺—有/无生命性"交叉组合的四种实验句进行了自定步速阅读实验，考察被试在加工这四种实验句时句法和语义线索的相互作用。结果显示，主语语缺和生命性在中、高水平的中国被试加工实验句时都具有影响效应，英语母语者在加工同等实验句时则主要依靠语缺驱动的策略，生命性几乎不具有影响效应。由此可见，中国英语学习者和英语母语者在线加工英语句子的心理机制不同。

其他很多研究也表明，第二语言学习者只能进行浅层次的加工。他们主要依靠词汇/语义信息来获得理解，并且不能完全访问句子中的句法信息。所有其他的研究都选择了水平相近的第二语言学习者作为研究对象，没有一个在实验设计中包含第二语言语言水平。因此，通过对我国英语学习者的研究可以得出这样的结论：第二语言水平是第二语言句子加工研究中不可忽视的一个

---

① 张晓鹏：《中国学生英语句子加工中的句法—语义相互作用——来自语缺和生命性线索加工的证据》，《现代外语》2012年第2期。

第七章 中国英语学习者句法分析机制的特质

重要的因素。已有的实验结果表明,不同水平的第二语言学习者的在线阅读情况存在差异。

为了解释高低水平两个被试组别在句法处理过程中的差异,有必要建立一个模型来解释句子中不同句法信息的熟练程度和难度。曹勇衡(2009)[①]提出了一个"语缺可及性层次"(Gap Accessibility Hierarchy)的概念模型,用来描述第二语言学习者在线阅读填充依赖结构时,不同的句法语缺所具有的不同难度。在这个层次结构的底部是句子中最容易访问和使用的短语结构信息。Bever 的规范模式思想为可及性层次结构的底层提供了一种可能性。

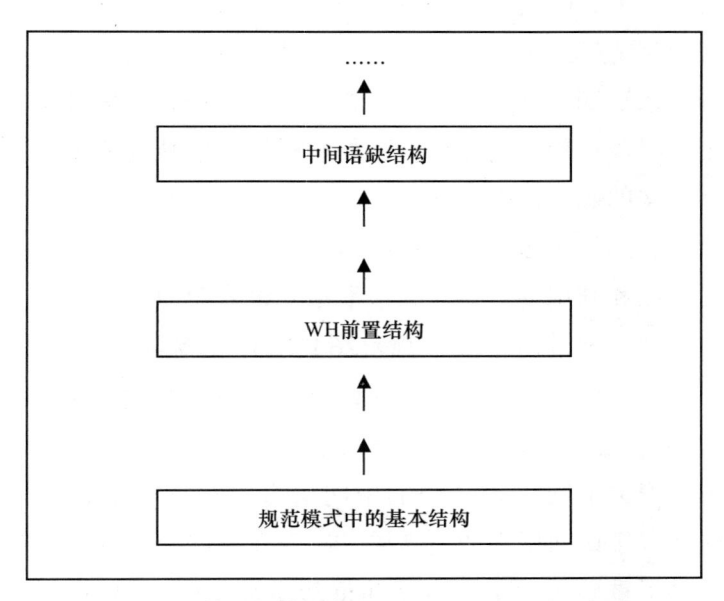

```
        ……
         ↑
  ┌─────────────┐
  │  中间语缺结构  │
  └─────────────┘
         ↑
  ┌─────────────┐
  │  WH 前置结构  │
  └─────────────┘
         ↑
  ┌─────────────┐
  │ 规范模式中的基本结构 │
  └─────────────┘
```

图 7-1 语缺可及性层次(Gap Accessibility Hierarchy,
来自曹勇衡,2009[②])

[①] 曹勇衡:《基于阅读时间的二语习得者句子空隙处理研究》,博士学位论文,上海交通大学,2009 年。

[②] 同上。

第二语言句法分析机制研究

Bever（1970）[①] 认为，当读或听一个句子时，读者或听者倾向于测试它是否适合某些规范模式，比如"主语……动作……（宾语）"。与这种分析一致的句子结构要比不一致的句子结构更容易处理。在子句开头遇到名词时，处理系统倾向于将其称为规范模式中的参与者。当阅读名词后面的动词时，处理系统倾向于将其视为规范模式中的动作。当某些特定的提示词显示它不符合规范模式时，处理系统必须修改先前的分析，并使用不同的分析框架。

通过这个第二语言句法分析模型，我们可以解释来自高水平组和母语为英语的学习者是如何经历主语语缺填充效应的。在主语语缺条件下，阅读前置的WH补语时，第二语言学习者倾向于将其视为规范模式中的参与者，并为补语设置主语空缺。他们的句法分析系统期望下一个单词是符合模式的操作。因此，当人称名词出现时，他们感到惊讶。这种主语填充语缺的典型图式处于可及性层次的底部，因为它是英汉两种语言的基本句型。因此与此图式相关的句法语缺信息是中国英语学习者在在线学习过程中最容易获取和利用的信息。高水平第二语言学习者和母语者经历的主语填充语缺效应为此类规范图式的存在提供了证据。然而，低水平的第二语言学习者似乎并没有受到典型图式的影响，这表明他们仍然无法获得可及性层次底层的句法语缺信息。

用于测试中间语缺效应的中间语言结构比标准模式复杂得多，因此位于访问层次的更高层。出现在中间分句边界的句法线索词提供了重要的句法信息，并重新激活了前置的WH填充词。前面的研究结果表明，低水平的第二语言学习者和高水平的第二语言学习者在中间语缺的地方没有获得中间句法信息，而实验句

[①] T. G. Bever, "The Cognitive Basis for Linguistic Structures", In R. Hayes (ed.), *Cognition and Language Development*, New York: Wiley & Sons, Inc, 1970, pp. 277-360.

子的阅读主要是由词汇/语义信息引导的，而不是句法信息。目前还不清楚第二语言学习者是否能在在线句法分析中充分利用中间句法信息，因此需要对不同水平的第二语言学习者进行进一步的研究。

这个模型的底层（规范模式中的基本结构）和高层（中间语言结构）之间还有其他层次。中间层次包含具有不同可及程度的句法信息的语言结构。例如，各种 WH 提取结构（包括对象提取和主题提取）都位于这些中间层。许多研究表明，母语者能够从各种语言结构中获取详细的句法信息，并对母语中的句子进行深度加工。然而，关于第二语言学习者的情况还不清楚。在大多数研究中，第二语言学习者无法从目标语言结构中获得句法信息，只能进行浅层加工。同时，不同水平的第二语言学习者在可及性的不同层次上获得句法信息。我们的推测是，学习者的第二语言水平越高，他们在分析一个句子时可以访问的层次就越高。

如前所述，关于第二语言句子语缺加工的研究到目前为止还很少。在语缺可及性层次中仍然存在许多尚未回答的问题，包括关于不同语言结构的具体层次以及第二语言学习者对这些结构的访问能力。因此，需要进一步的研究来验证可及性层次结构的有效性，并完成层次结构中未填满的部分。

第五节　中国英语学习者的语法能力同句法分析机制的关系

前面介绍的研究中，第二语言学习者对所考察的特定语言结构的语法知识与其在线处理能力之间存在差异。在测试中间语缺效应和主语语缺填充效应的实验中，第二语言学习者在离线问卷和在线理解题中都取得了较好的成绩，这意味着他们能够理解目标语言结构的意义。然而，在线阅读时间的差异表明他们采用了不同的句法分析机制。

一方面，在含有中间语缺实验句的在线阅读过程中，英语母语者利用中间句法语缺，促进了前置词 WH 短语与子范畴化动词的整合。另一方面，尽管通过使用中间语缺将 WH 依赖性分解成两个较小的步骤存在可能性，但是第二语言学习者还是试图建立前置词 WH 短语与其子范畴化动词之间的直接依赖关系。另一项在线阅读任务显示，英语母语者表现出一种主语填充词—语缺效应，即被试在被填充的主语语缺位置上的阅读时间增加。这表明他们在遇到前置词后进行了主语语缺分析，然后对真实主语的出现感到惊讶。两组学习者在这项任务上表现不同：高水平组表现出与英语母语者相似的效果，低水平组则没有表现出与英语母语者相似的效果。

一方面，离线和在线的理解问题似乎表明第二语言学习者对目标语语法和句子意义的理解没有问题。另一方面，在线阅读任务表明，他们在实时句法分析中很难运用语法知识。这与其他一些研究的结果是一致的。在 Papadopoulou & Clahsen（2003）[1] 对第二语言学习者在线阅读结构歧义句的研究中，第二语言学习者在离线判断任务中表现得同母语者一样，并且在实验前的语言水平测试中也取得了很好的成绩。然而，在线阅读任务的结果显示，与母语者相比，他们使用了不同的关系从句依赖策略。Felser et al.（2003）[2] 和 Marinis et al.（2005）[3] 也有类似的发现，并认为

---

[1] D. Papadopoulou, and H. Clahsen, "Parsing Strategies in L1 and L2 Sentence Processing: A Study of Relative Clause Attachment in Greek", *Studies in Second Language Acquisition*, No. 24, 2003, pp. 501 – 528.

[2] C. Felser, L. Roberts, R. Gross, and T. Marinis, "The Processing of Ambiguous Sentences by First and Second Language Learners of English", *Applied Psycholinguistics*, No. 24, 2003, pp. 453 – 489.

[3] T. Marinis, L. Roberts, C. Felser, and H. Clahsen, "Gaps in Second Language Sentence Processing", *Studies in Second Language Acquisition*, No. 27, 2005, pp. 53 – 78.

第七章　中国英语学习者句法分析机制的特质

母语者和第二语言学习者在在线任务中的差异不能归因于目标语言语法的不完全习得。一些研究者认为，在几项第二语言习得研究中观察到的非母语样行为不一定是由普遍语法的可及性问题导致，而可能是由于句法分析机制的缺陷（Juffs，1998）[①]。

到目前为止，我们很难对我国英语学习者的英语语法能力与其句法分析机制之间的确切关系做出结论。英语母语者和第二语言学习者在句法分析行为上的差异至少表明他们的语法知识的性质和程度不同于母语者，并且不能以母语者的方式处理语言结构。我们知道，第二语言学习者对目标语言输入的处理是通过句法分析机制进行的。在第二语言习得过程中，句法分析机制为学习机制提供了非常重要的信息，使其能够正常工作。如果第二语言学习者使用不适合于第二语言的句法分析策略分析第二语言输入（换句话说，如果他们的句法分析策略和程序与母语者不同），他们可能无法对第二语言语法做出正确的假设。尽管第二语言学习者的语法能力在离线测试中表现出与母语者相似的特点，但在更合适的句法分析机制和更高的处理自动化程度方面，甚至在较长的第二语言学习时间内，句法分析选项的变化仍有发展的空间，或者对所讨论的特定语言结构还需要有更深入的体验。总之，在第二语言学习者的句法分析机制中发现的局限性为探究其目标语语法能力的本质及其应用能力提供了新的途径。

很多年来，第二语言习得研究者一直关注着第二语言学习者语言知识的获得。无论是词汇、词法还是句法研究，其焦点都是第二语言学习者的静态语言能力。例如，在句法方面，人们关注的是第二语言学习者是否能够获得母语者所拥有的语法知识，就

---

① A. Juffs, "Main Verb VS. Reduced Relative Clause Ambiguity Resolution in Second Language Sentence Processing", *Language Learning*, No. 48, 1998, pp. 107 – 147.

像各种离线任务所表明的那样。在原则和参数框架中，这个问题的重点是第二语言学习者是否可以将参数重置为第二语言中不同于母语的值。从这个角度来看，一旦一个结构被证明是已知的，一般认为习得到此结束，没有其他的问题需要研究。然而，第二语言语缺处理的研究结果表明，对学习者静态语法能力的研究还不足以解释第二语言学习者对目标语语言材料的实时处理。

因此，对第二语言学习者句子处理的研究应该受到重视。从静态的语法能力到动态的句法分析机制的转变可以帮助研究者揭示第二语言习得中长期被忽视的方面，从而有助于对第二语言习得做出更加丰富、解释力更强的解释。因此，我们需要设计一个多学科的研究计划，既考虑到现代语言学的理论，又考虑到实时的心理语言学证据。

第二语言习得研究中的焦点转移还需要更多地使用已经在母语句子处理中使用的各种在线心理语言学方法，包括自定步速阅读、眼动跟踪和跨模态词汇启动（Cross Model Lexical Priming）等。传统的第二语言习得研究方法已经被用来探索显性/静态语法：第二语言学习者通过各种离线任务反映出的语法知识。通过心理语言学的研究方法，在线任务可以减少参与者在处理过程中对显性语法知识的依赖程度。因此，使用相应的在线数据补充离线数据是非常重要的。将这两种研究方法应用到研究中，将大大提高对第二语言习得复杂图景的理解。

第六节　第二语言语缺处理研究对教学的启示

第二语言语缺处理的研究发现，第二语言学习者无法使用更适合第二语言加工的句法分析策略。这可能会阻碍他们构建输入句子的完整底层表征，并阻碍其构建完整而详细的类似母语的语

第七章 中国英语学习者句法分析机制的特质

法系统。那么我们如何帮助他们改变其语法分析程序,以便能够以类似于目标语言的母语者的方式处理输入材料呢?

Van Patten(1996①,2002②,2004③)提出的加工教学法(Processing Instruction,PI)为实现上述目标提供了一种有效的课堂教学方法。加工教学法,顾名思义,是一种从输入加工模式中获得启发的教学干预。正如普遍语法(UG)研究发展中遇到的问题:"即便我们知道问题是基于什么,我们能提供有助于参数重置的指令吗?"那些从事加工教学法研究的学者也遇到了类似的问题:"如果我们知道一些关于输入处理的信息,我们可以使用这些信息来构造课堂活动以改进学习者的处理策略吗?"(Van Patten,2004)④

一般来说,加工教学法作为一种语法教学方法,得到了系统的研究(Van Patten,2002⑤,2004⑥)。Van Patten(2002)⑦认为加工教学法是用来引导第二语言学习者在处理相关语法项目时特别关注某些语法信息,而不是关注句子的其他地方,并促进第二语言学习者以与母语者相似的方式构建句子的潜在表征。

加工教学法最重要的特点是它使用一种特殊类型的输入材料

---

① B. Van Patten, *Input Processing and Grammar Instruction*, Chestnut Hill, NJ: Ablex, 1996.
② B. Van Patten, "Processing Instruction: An Update", *Language Learning*, No. 52, 2002, p. 4.
③ B. Van Patten (ed.), *Processing Instruction: Theory, Research, and Commentary*, Mahwah, NJ: Lawrence Erlbaum, 2004.
④ Ibid.
⑤ B. Van Patten, "Processing Instruction: An Update", *Language Learning*, No. 52, 2002, p. 4.
⑥ B. Van Patten (ed.), *Processing Instruction: Theory, Research, and Commentary*, Mahwah, NJ: Lawrence Erlbaum, 2004.
⑦ B. Van Patten, "Processing Instruction: An Update", *Language Learning*, No. 52, 2002, p. 4.

来促使学习者远离不合适的处理策略（Van Patten，2002）①。从本质上讲，加工教学法与传统的以理解为基础的语言教学方法，如整体身体反应法（Total Physical Response）、自然教学法（Natural Approach）等有所不同。由于加工教学法的主要任务是指导学习者在输入处理过程中建立正确的形式—意义连接，因此更适合将其视为关注形式或输入强化的一种类型（Sharwood-Smith，1993）②。换言之，在加工教学法中，学习者的工作不仅是正确地处理和解释句子，而且还要注意形式。加工教学法有三个基本特征或组件：

（1）学习者被提供有关语言形式或结构的信息。

（2）学习者被告知一种特殊的输入处理策略，这种策略可能会对他们在理解过程中对形式或结构的认知产生负面影响。

（3）在特定的输入处理的活动中，学习者被要求处理某种形式或结构。这种形式或结构经过特殊的处理，以便学习者依赖形式和结构来获得意义，从而有更好的机会关注它（即学习者被引导从他们的自然加工倾向转向更优化的加工倾向）（Van Patten，2002）③。

与 Sharwood-Smith（1993）④ 的研究相比，加工教学法也代表了一个第二语言处理研究上的进步。根据加工教学法，正式教学是一种使某些形式在输入中更加突出的方式，以便第二语言学习者更多地关注它们。加工教学法并不旨在提高学习者的语法形式

---

① B. Van Patten, "Processing Instruction: An Update", *Language Learning*, No. 52, 2002, p. 4.

② M. Sharwood-Smith, "Input Enhancement in Instructed SLA: Theoretical Bases", *Studies in Second Language Acquisition*, No. 15, 1993, pp. 165–179.

③ B. Van Patten, "Processing Instruction: An Update", *Language Learning*, No. 52, 2002, p. 4.

④ M. Sharwood-Smith, "Input Enhancement in Instructed SLA: Theoretical Bases", *Studies in Second Language Acquisition*, No. 15, 1993, pp. 165–179.

第七章 中国英语学习者句法分析机制的特质

意识（Benati，2001）①。正如 Van Patten（1996）② 所说，简单地要求人们特别关注某个语言形式并不能保证这一语言形式得到正确的处理，为了能够习得语法体系，必须将正确的语言形式以输入的形式提供给句法分析机制。

一些学者研究了加工教学法对第二语言习得的影响，并将其与传统的语法教学法进行了比较。Van Patten（2000）③ 将语法教学法定义为"解释加输出练习，将学习者从机械训练转移到交际训练"。与语法教学法不同，加工教学法的目的是改变学习者参与和处理输入的方式。因为习得是一个依赖输入的过程，所以当学习者接触到有意义的输入时习得就会发生（Van Patten，1996）④。正如 Wong（2004）⑤ 所概述的，加工教学法促使第二语言学习者放弃低效的处理策略，而选择更优的策略，从而建立更好的形式—意义连接。作为加工教学法的主要组成部分，结构化输入活动有助于第二语言学习者建立意义连接。

从不同的语言和不同的语言结构出发，学者们对加工教学法进行了研究，并对比了传统教学法和其他教学方法。比如，Van Patten & Cadierno（1993）⑥ 对西班牙语宾语代词的研究，Cadierno

---

① A. Benati, "A Comparative Study of The Effects of Processing Instruction and Output-Based Instruction on the Acquisition of the Italian Future Tense", *Language Teaching Research*, No. 5, 2001, pp. 95 – 127.

② B. Van Patten, *Input Processing and Grammar Instruction*, Chestnut Hill, NJ: Ablex, 1996.

③ B. Van Patten, "Thirty Years of Input (Or Intake, the Neglected Sibling)", In B. Swierzbin, F. Morris, M. E. Anderson, C. A. Klee & E. Tarone (eds.), *Social and Cognitive Factors in Second Language Acquisition*, Somerville, MA: Cascadilla Press, 2000, pp. 287 – 311.

④ B. Van Patten, *Input Processing and Grammar Instruction*, Chestnut Hill, NJ: Ablex, 1996.

⑤ W. Wong, "The Nature of Processing Instruction", In Van Patten, B. (ed.), *Processing Instruction*, Mahwah, NJ: Erlbaum, 2004, pp. 33 – 63.

⑥ B. Van Patten, and T. Cadierno, "Explicit Instruction and Input Processing", *Studies in Second Language Acquisition*, No. 15, 1993, pp. 225 – 43.

(1995)① 对西班牙语过去时动词词法的研究，Benati（2001）② 对意大利语中的将来时的研究。这些研究证实了加工教学法是一种更有效的方法，因为它直接影响第二语言学习者处理输入的能力，并在改变第二语言学习者的处理策略方面带来更好的效果。

实证研究的另一个重要发现是，加工教学法的作用不仅仅限于学习者处理第二语言输入能力的提高，而且直接影响到他们语言系统的发展，最终第二语言学习者在输出时能够获得目标语言特征（Benati，2004）③。

尽管加工教学法已被广泛研究并证明是发展第二语言学习者语法系统以达到目标语母语者水平的有效途径，但只有达到母语者的加工水平，加工教学才能被主流外语教学界所认可。内隐能力（Implicit Competence）和加工能力被认为是第二语言学习的重要目标。事实上，关于学习一门外语的本质和最终目标一直存在激烈的争论。此外，由于学习目标、时间限制和正式语言教学可能受到的其他限制，一些教师可能希望将重点放在词汇构建、理解策略和交际技能上，而不是放在语法或句子处理的教学上。

汉语是一种不同于英语的语言类型，特别体现在各种填充依赖结构上。中国英语学习者普遍存在的问题是英语语法系统的习得。多项研究表明，中国英语学习者在实时阅读过程中使用了不同于英语母语者的句法分析策略。这可能会阻碍他们提取必要的句法信息，使其无法建立起英语母语者那样的语法系统来进行全面和自动的句法分析。因此，旨在改变第二语言学习者非最优句

---

① T. Cadierno, "Formal Instruction from a Processing Prospective: An Investigation into the Spanish Past Tense", *Modern Language Journal*, No. 79, 1995, pp. 179 – 193.

② A. Benati, "A Comparative Study of the Effects of Processing Instruction and Output-Based Instruction on the Acquisition of the Italian Future Tense", *Language Teaching Research*, No. 5, 2001, pp. 95 – 127.

③ A. Benati, "The Effects of Processing Instruction and Its Components on the Acquisition of Gender Agreement in Italian", *Language Awareness*, No. 2, 2004, pp. 67 – 80.

法分析程序的加工教学在汉语语境中可能也是有用的。

　　语缺处理的另一个结论是，加工教学法不仅对低水平的第二语言学习者是必需的，而且对高水平的第二语言学习者也是必需的。在相关研究中，两组大学英语四级水平的第二语言学习者都没有表现出任何中间语缺效应，这意味着他们虽然拥有明确的语法知识，但仍然缺乏最佳的句法分析机制。因此，我们应将加工教学法与其他教学方法相结合，比较不同教学方法组合对第二语言学习者语言能力的影响。只有这样，加工教学法才有可能被中国主流外语教学界所认可并得到有效实施。

结　　语

综观国内学者对第二语言处理的现有的研究，其中的大多数只是在重复国外已有的相关研究，将实验材料和手段应用在中国英语学习者身上。虽然对于母语为汉语的英语学习者的句法分析机制的探讨取得了一定的成绩，但是仍然有不少可以改进的地方。此外，虽然很多研究者采用了实证研究的方法，并且对实验数据进行了探讨和分析，但是基本没有学者提出任何理论模型或者做出理论上的创新，这不能不说是一个遗憾。

我们可以找到的唯一的理论创新是"语缺可及性层次假设"[①]。作为对第二语言习得理论的贡献，该理论尽管简单而笼统，但是它重视影响第二语言学习者在线阅读的不同语言结构的难度，并且与以往的第二语言加工理论有不同之处。第二语言加工理论主要关注的是第二语言学习者的特点而不是他们所处理的语言输入。

结合现有的研究，本书评估了当前的第二语言加工模式，如陈述式/程序式模型、输入加工理论、浅层结构假设以及"弱自动性"假设（指第二语言学习者像母语者那样进行全面而详细的句法分析的能力下降）。在某种程度上，"弱自动性"假设是前

[①] 曹勇衡、俞理明：《英语长距离依赖结构"中间空隙效应"研究》，《现代外语》2009 年第 1 期。

三种理论模型所体现的思想的综合。

　　此外，学者们普遍认为，第二语言处理关注的焦点应当从静态语法能力转向动态句法分析机制。鉴于在线阅读中第二语言学习者的语法知识和句法分析能力之间的差异，传统的第二语言习得研究应转向对第二语言学习者实时处理目标语言的研究。这种研究方向可以为第二语言习得普遍失败这一现象提供进一步的解释。

参考文献

一 外文文献

[1] A. Benati, "A Comparative Study of the Effects of Processing Instruction and Output-Based Instruction on the Acquisition of the Italian Future Tense", *Language Teaching Research*, No. 5, 2001, pp. 95 – 127.

[2] A. Benati, "The Effects of Processing Instruction and its Components on the Acquisition of Gender Agreement in Italian", *Language Awareness*, No. 2, 2004, pp. 67 – 80.

[3] A. Friederici, "Towards a Neural Basis of Auditory Sentence Processing", *Trends in Cognitive Sciences*, No. 6, 2002, pp. 78 – 84.

[4] A. Hahne, and A. Friederici, "Processing a Second Language: Late Learners' Comprehension Mechanisms as Revealed by Event-Related Brain Potentials", *Bilingualism: Language and Cognition*, No. 4, 2001, pp. 123 – 141.

[5] A. Hahne, "What's Different in Second-Language Processing? Evidence from Event-Related Brain Potentials", *Journal of Psycholinguistic Research*, No. 30, 2001, pp. 251 – 266.

[6] A. Juffs, and M. Harrington, "Garden-Path Sentences and Error Data in Second Language Processing Research", *Language Learn-

ing, No. 46, 1996, pp. 286 – 324.

[7] A. Juffs, and M. Harrington, "Parsing Effects in Second Language Sentence Processing: Subject and Object Asymmetries in *WH*-Extraction", *Studies in Second Language Acquisition*, No. 17, 1995, pp. 483 – 516.

[8] A. Juffs, "Main Verb VS. Reduced Relative Clause Ambiguity Resolutionin Second Language Sentence Processing", *Language Learning*, No. 48, 1998, pp. 107 – 147.

[9] A. Juffs, "Psycho-Linguistically Oriented Second Language Research", *Annual Review of Applied Linguistics*, No. 21, 2001, pp. 207 – 220.

[10] A. Juffs, "Representation, Processing, and Working Memory in a Second Language", *Transactions of the Philological Society*, 2004, pp. 199 – 225.

[11] A. Juffs, "The Influence of First Language on the Processing of *WH*-Movement in English as a Second Language", *Second Language Research*, No. 21, 2005, pp. 121 – 151.

[12] A. Sanford, and P. Sturt, "Depth of Processing in Language Comprehension: Not Noticing the Evidence", *Trends in Cognitive Science*, No. 6, 2002, pp. 382 – 386.

[13] A. Wingfield, and D. Titone, "Sentence Processing", In J. Gleason & N. Ratner (eds.), *Psycholinguistics*, Fort Worth: Harcourt Brace College, 1998, pp. 227 – 274.

[14] B. Hemforth, L. Konieczny, and C. Scheepers, "Syntactic Attachment and Anaphor Resolution: Two Sides of Relative Clause Attachment", In M. Crocker, M. Pickering & C. Clifton (eds.), *Architectures and Mechanisms for Language Processing*, Cambridge: CUP, 2000, pp. 259 – 282.

[15] B. L. Pritchett, *Grammatical Competence and Parsing Performance*, Chicago: University of Chicago Press, 1992.

[16] B. MacWhinney, and E. Bates, *The Cross-Linguistic Study of Sentence Processing*, New York: CUP, 1989.

[17] B. MacWhinney, E. Bates, and R. Kliegl, "Cue Validity and Sentence Interpretation in English, German, and Italian", *Journal of Verbal Learning and Verbal Behavior*, No. 23, 1984, pp. 127 – 150.

[18] B. MacWhinney, "Extending the Competition Model", In R. R. Heredia & J. Altarriba (eds.), *Bilingual Sentence Processing*, New York: Elsevier, 2002, pp. 31 – 57.

[19] B. MacWhinney, J. Osman-Sagi, and D. Slobin, "Sentence Comprehension in Two Clear Case-Marking Languages", *Brain and Language*, No. 41, 1991, pp. 234 – 249.

[20] B. MacWhinney, "The Competition Model: The Input, the Context, and the Brain", In P Robinson (ed.), *Cognition and Second Language Instruction*, Cambridge: CUP, 2001, pp. 69 – 90.

[21] B. Van Patten, and T. Cadierno, "Explicit Instruction and Input Processing", *Studies in Second Language Acquisition*, No. 15, 1993, pp. 225 – 43.

[22] B. Van Patten, and W. Wong, "Processing Instruction and the French Causative: A Replication", In B. VanPatten (ed.), *Processing Instruction*, Mahwah, NJ: Erlbaum, 2004, pp. 97 – 118.

[23] B. Van Patten (ed.), *Processing Instruction: Theory, Research, and Commentary*, Mahwah, NJ: Lawrence Erlbaum, 2004.

[24] B. Van Patten, *Input Processing and Grammar Instruction*, Chestnut Hill, NJ: Ablex, 1996.

[25] B. Van Patten, "Processing Instruction: An Update", *Language Learning*, No. 52, 2002, p. 4.

[26] B. Van Patten, "Thirty Years of Input (Or Intake, the Neglected Sibling)", In B. Swierzbin, F. Morris, M. E. Anderson, C. A. Klee & E. Tarone (eds.), *Social and Cognitive Factors in Second Language Acquisition*, Somerville, MA: Cascadilla Press, 2000, pp. 287 – 311.

[27] Cao, Y. H., *A Psycholinguistic Study on Sentence Processing in Listening Comprehension*, Unpublished Master Thesis, 2004.

[28] C. Clifton. Jr., and L. Frazier, "Comprehending Sentences with Long-Distance Dependencies", In G. N. Carlson & M. K. Tanenhaus (eds.), *Linguistic Structure in Language Processing*, Dordrecht, The Netherlands: Kluwer, 1989, pp. 273 – 317.

[29] C. Felser, and L. Roberts, "Plausibility and Recovery from Garden Paths in Second Language Sentence Processing", Poster presented at AMLAP, Aix-en-Provence, September 2004.

[30] C. Felser, and L. Roberts, "Processing *WH*-Dependencies in a Second Language: A Cross-Modal Priming Study", *Second Language Research*, No. 23, 2007, pp. 9 – 36.

[31] C. Felser, L. Roberts, R. Gross, and T. Marinis, "The Processing of Ambiguous Sentences by First and Second Language Learners of English", *Applied Psycholinguistics*, No. 24, 2003, pp. 453 – 489.

[32] C. Frenck-Mestre, and J. Pynte, "Syntactic Ambiguity Resolution While Reading in Second and Native Languages", *Quarterly Journal of Experimental Psychology*, No. 50A, 1997, pp. 119 –

148.

[33] C. Phillips, *Order and Structure*, PhD Dissertation, MIT, 1996.

[34] C. Pollard, and I. A. Sag, *Head-Driven Phrase Structure Grammar*, Chicago: University of Chicago Press, 1994.

[35] C. Pollard, and I. A. Sag, "Information-Based Syntax and Semantics", Stanford CSLI lecture notes number 13, 1987.

[36] Crain. S, and Fodor, J. D., "How Can Grammars Help Parsers?", In D. R. Dowty, L. Kartunnen, and A. Zwicky (eds.), *Natural Language Parsing: Psychological, Computational and Theoretical Perspectives*, Cambridge: CUP, 1985, pp. 95 – 128.

[37] C. Weber-Fox, and H. Neville, "Maturational Constraints on Functional Specializations for Language Processing: ERP and Behavioral Evidence in Bilingual Speakers", *Journal of Cognitive Neuroscience*, No. 8, 1996, pp. 231 – 256.

[38] D. I. Slobin, "Grammatical Transformations and Sentence Comprehension in Childhood and Adulthood", *Journal of Verbal Learning and Verbal Behavior*, No. 5, 1966, pp. 219 – 227.

[39] D. L. Schacter, and E. Tulving (eds.), *Memory Systems*, Cambridge, MA: MIT Press 1994.

[40] D. Papadopoulou, and H. Clahsen, "Parsing Strategies in L1 and L2 Sentence Processing: A Study of Relative Clause Attachment in Greek", *Studies in Second Language Acquisition*, No. 24, 2003, pp. 501 – 528.

[41] D. Papadopoulou, "Reading-Times Studies of Second Language Ambiguity Resolution", *Second Language Research*, No. 21, 2005, pp. 98 – 120.

[42] D. Townsend, and T. Bever, *Sentence Comprehension: The Integration of Habits and Rules*, Cambridge, MA: MIT Press, 2001.

[43] D. W. Carroll, *Psychology of Languag.* 5th ed., Thomson/Wadsworth, 2008.

[44] E. Bates, and B. MacWhinney, "Competition, Variation, and Language Learning", In B. MacWhinney (ed.), *Mechanisms of Language Acquisition*, New Jersey: Erlbaum, 1987, pp. 157 – 193.

[45] E. Bates, and B. MacWhinney, "Functionalist Approaches to Grammar", In E. Wanner & L. Gleitman (eds.), *Language Acquisition: The State of Art*, Cambridge: CUP, 1982, pp. 173 – 217.

[46] E. Bates, and B. MacWhinney, "Second Language Acquisition from a Functionalist Perspective: Pragmatic, Semantic, and Perceptual Strategies", In H. Winitz (ed.), Annals of the New York Academy of Sciences, *Native Language and Foreign Language Acquisition*, New York: New York Academy of Sciences, 1981, pp. 190 – 214.

[47] E. Gibson, and C. T. Schütze, "Disambiguation Preferences in Noun Phrase Conjunction Do not Mirror Corpus Frequency", *Journal of Memory and Language*, No. 40, 1999, pp. 263 – 79.

[48] E. Gibson, and N. Pearlmutter, "Constraints on Sentence Comprehension", *Trends in Cognitive Science*, No. 2, 1998, pp. 262 – 268.

[49] E. Gibson, and T. Warren, "Reading-Time Evidence for Intermediate Linguistic Structure in Long-Distance Dependencies",

Syntax, No. 7, 2004, pp. 55 – 78.

[50] E. Gibson, G. Hickok, and C. T. Shutze, "Processing Empty Categories: A Parallel Approach", *Journal of Psycholinguistic Research*, No. 23, 1994, pp. 381 – 405.

[51] E. Gibson, "Linguistic Complexity, Locality and Syntactic Dependencies", *Cognition*, No. 68, 1998, pp. 1 – 76.

[52] E. Gibson, "The Dependency Locality Theory: A Distance-Based Theory of Linguistic Complexity", In Y. Miyashita, A. Marantz & W. O'Neil (eds.), *Image, Language and Brain*, Cambridge, Mass: MIT Press, 2000, pp. 95 – 126.

[53] E. Klein, "Just Parsing Through: Notes on the State of L2 Processing Research Today", In E. Klein, and G. Martohardjono (eds.), *The Development of Second Language Grammars: A Generative Approach*, Amsterdam: John Benjamins, 1999, pp. 197 – 216.

[54] E. Wanner, and M. Maratsos, "An ATN Approach to Comprehension", In M. Halle, J. Bresnan, & G. A. Miller (eds.), *Linguistic Theory and Psychological Reality*, Cambridge, MA: MIT Press, 1978, pp. 119 – 161.

[55] F. Cuetos, and D. Mitchell, "Cross-Linguistic Differences in Parsing: Restrictions on the Use of the Late Closure Strategy in Spanish", *Cognition*, No. 30, 1988, pp. 73 – 105.

[56] F. Eckman, "On Predicting Phonological Difficulty in Second Language Acquisition", *Studies in Second Language Acquisition*, No. 4, 1981, pp. 18 – 30.

[57] Ferdinand de Saussure, *Course in General Linguistics*, Open Court House, 1916.

[58] F. Ferreira, K. Bailey, and V. Ferraro, "Good Enough Repre-

sentations in Language Comprehension", *Current Directions in Psychological Science*, No. 11, 2002, pp. 11 – 15.

[59] G. Altmann, and M. Steedman, "Interaction with Context During Human Sentence Processing", *Cognition*, No. 30, 1988, pp. 191 – 238.

[60] G. A. Miller, and K. McKean, "A Chronometric Study of Some Relations Between Sentences", *Quarterly Journal of Experimental Psychology*, No. 16, 1964, pp. 297 – 308.

[61] G. Gazdar, E. Klein, G. K. Pullum, and I. A. Sag, *Generalized Phrase Structure Grammar*, Oxford: Blackwell, 1985.

[62] G. Gazdar, "Unbounded Dependencies and Coordinate Structure", *Linguistic Inquiry*, No. 12, 1981, pp. 155 – 184.

[63] G. Graffi, *200 Years of Syntax: A Critical Survey*, Amsterdam: John Benjamins, 2001.

[64] G. N. Carlson, and M. K. Tanenhaus, "Introduction", In G. N. Carlson & M. K. Tanenhaus (eds.), *Linguistic Structure in Language Processing*, Dordrecht, The Netherlands: Kluwer, 1989, pp. 1 – 26.

[65] H. Ahn, "From Interlanguage Grammar to Target Grammar in L2 Processing of Definiteness as Uniqueness", *Second Language Research*, 2019 (https://doi.org/10.1177/0267658319868003).

[66] H. Clahsen, and C. Felser, "Grammatical Processing in Language Learners", *Applied Psycholinguistics*, No. 27, 2006a, pp. 3 – 42.

[67] H. Clahsen, and C. Felser, "Continuity and Shallow Structures in Language Processing", *Applied Psycholinguistics*, No. 27, 2006b, pp. 107 – 126.

[68] H. Clahsen, and C. Felser, "Some Notes on the Shallow Structure Hypothesis", *Studies in Second Language Acquisition*, No. 40 (3), 2018, pp. 693 – 706 (https://doi: 10.1017/S0272263117000 250).

[69] H. H. Clark, and E. V. Clark, *Psychology and Language*, New York: Harcourt Brace Jovanovich, 1977.

[70] H. Liu, E. Bates, and P. Li, "Sentence Interpretation in Bilingual Speakers of English and Chinese", *Applied Psycholinguistics*, No. 13, 1992, pp. 451 – 484.

[71] H. Savin, and E. Perchonock., "Grammatical Structure and the Immediate Recall of English Sentences", *Journal of Verbal Learning and Verbal Behavior*, No. 4, 1965, pp. 348 – 353.

[72] I. A. Sag, and J. D. Fodor, "Extraction Without Traces", In R. Aranovich, W. Byrne, S. Preuss & M. Senturia (eds.), *Proceedings of the 13th Annual Meeting of the West Coast Conference on Formal Linguistics*, Stanford, CA: CSLI Publications, 1995, pp. 365 – 384.

[73] I. Sag, "English Filler-Gap Constructions", *Language*, No. 86 (3), 2010, pp. 486 – 545 (CiteSeerX 10.1.1.138.2274/https://doi: 10.1353/lan.2010.0002).

[74] J. A. Fodor, and M. F. Garrett, "Competence and Performance", *Psycholinguistic Papers* (eds.), Edinburgh: Edinburgh University Press, 1966.

[75] J. A. Fodor, and M. F. Garrett, "Some Syntactic Determinants of Sentential Complexity", *Perception and Psychophysics*, No. 2, 1967, pp. 289 – 296.

[76] J. A. Fodor, M. Garrett, and T. G. Bever, "Some Syntactic Determinants of Sentential Complexity", *Perception & Psycholin-*

guistics, No. 3, 1968, pp. 453 – 461.

[77] J. A. Fodor, T. G. Bever, and M. Garrett, *The Psychology of Language*, New York: McGraw-Hill, 1974.

[78] J. Bresnan, and R. M. Kaplan, "Introduction: Grammars as Mental Representations of Language", In Bresnan (ed.), *The Mental Representation of Grammatical Relations*, Cambridge: MIT Press, 1982.

[79] J. D. Fodor, "Comprehending Sentence Structure", In L. R. Gleitman, & M. Liberman (eds.). *Language: An Invitation to Cognitive Science*, Cambridge, MA: MIT Press, 1995, pp. 209 – 246.

[80] J. D. Fodor, "Empty Categories in Sentence Processing", *Language and Cognitive Processes*, No. 4, 1989, pp. 155 – 209.

[81] J. D. Fodor, "Learnability Theory: Triggers for Parsing with", In E. Klein & G. Martohardjano (eds.), *The Development of Second Language Grammars: A Generative Approach*, Amsterdam: John Benjamins, 1999, pp. 373 – 406.

[82] J. D. Fodor, "Learning to Parse?", *Journal of Psycholinguistic Research*, No. 27, 1998a, pp. 285 – 319.

[83] J. D. Fodor, "Parsing to Learn", *Journal of Psycholinguistic Research*, No. 27, 1998b, pp. 339 – 374.

[84] J. D. Fodor, "Processing Empty Categories: A Question of Visibility", In G. Altmann, & R. Shillcock (eds.), *Cognitive Models of Speech Processing: The Second Sperlonga Meeting*, Hove: Erlbaum, 1993, pp. 351 – 400.

[85] J. E. Year, "Sentence Processing Within the Competition Model", *Working Papers in TESOL & Applied Linguistics*, No. 8 (2), 2003, pp. 1 – 27.

[86] J. Hulstijn, "Towards a Unified Account of the Representation, Processing and Acquisition of Second Language Knowledge", *Second Language Research*, No. 18, 2002, pp. 193 – 223.

[87] J. J. McClelland, D. E. Rumelhart, and G. Hinton, "The Appeal of Parallel Distributed Processing", In D. E. Rumelhart & J. L. McClelland (eds.), *Parallel Distributed Processing*, Cambridge, MA: MIT Press, 1986, pp. 3 – 44.

[88] J. Lee, and S. Doherty, "Native and Nonnative Processing of Active and Passive Sentences: The Effects of Processing Instruction on the Allocation of Visual Attention", *Studies in Second Language Acquisition*, No. 41 (4), 2019, pp. 853 – 879 (https://doi: 10.1017/S027226311800027X).

[89] J. Li, and M. Taft (n. d.), "The Processing of English Prefixed Words by Chinese-English Bilinguals", *Studies in Second Language Acquisition*, No. 42, 2019, pp. 1 – 11 (https://doi: 10.1017/S0272263119000172).

[90] J. L. Nicol, and D. Swinney, "The Role of Structure in Coreference Assignment During Sentence Comprehension", *Journal of Psycholinguistic Research*, No. 18, 1989, pp. 5 – 20.

[91] J. P. Kimball, "Seven Principles of Surface Structure Parsing in Natural Language", *Cognition*, No. 2, 1973, pp. 15 – 47.

[92] J. R. Anderson, *Language, Memory, and Thought*, Hillsdale, NJ: Erlbaum, 1976.

[93] J. Thompson, "Foreign Accents Revisited: The English Pronunciation of Russian Immigrants", *Language Learning*, No. 41, 1991, pp. 177 – 204.

[94] J. Truscott, and M. Sharwood Smith, "Acquisition by Processing: A Modular Perspective on Language Development", *Bilin-

gualism: *Language and Cognition*, No. 7, 2004, pp. 1 – 20.

[95] J. Williams, P. Möbius, and C. Kim., "Native and Non-Native Processing of English *WH*-Questions: Parsing Strategies and Plausibility Constraints", *Applied Psycholinguistics*, No. 22, 2001, pp. 509 – 540.

[96] J. W. King, and M. Kutas, "Who Did What and When? Using Word-and Clause-Level ERPs to Monitor Working Memory Usage in Reading", *Journal of Cognitive Neuroscience*, No. 7, 1995, pp. 376 – 395.

[97] K. Gregg, "Learnability and Second Language Acquisition Theory", In P. Robinson (ed.), *Cognition and Second Language Instruction*, Cambridge: CUP, 2001, pp. 52 – 180.

[98] K. Gregg, "The State of Emergentism in Second Language Acquisition", *Second Language Research*, No. 19, 2003, pp. 95 – 128.

[99] K. Ito, and W. Wong, "Processing Instruction and the Effects of Input Modality and Voice Familiarity on the Acquisition of the French Causative Construction", *Studies in Second Language Acquisition*, No. 41 (2), 2019, pp. 443 – 468 (https://doi: 10.1017/S0272263118000281).

[100] K. Kilborn, and T. Ito, "Sentence Processing Strategies in Adult Bilinguals", In B. MacWhinney & E. Bates (eds.), *The Cross linguistic Study of Sentence Processing*, New York: CUP, 1989, pp. 257 – 291.

[101] K. Kilborn, "Online Integration of Grammatical Information in a Second Language", In R. Harris (ed.), *Cognitive Processing in Bilinguals*, Amsterdam: Elsevier, 1992, pp. 337 – 350.

[102] K. Kilborn, "Sentence Processing in a Second Language: The

Timing of Transfer", *Language and Speech*, No. 32, 1989, pp. 1 – 23.

[103] L. Frazier, and C. Clifton, *Construal*, Cambridge, MA: MIT Press, 1996.

[104] L. Frazier, and J. De Villiers, *Language Processing and Language Acquisition*, Dordrecht: Kluwer, 1990.

[105] L. Frazier, and J. D. Fodor, "The Sausage Machine: A New Two-Stage Parsing Model", *Cognition*, No. 6, 1978, pp. 1 – 34.

[106] L. Frazier, and K. Rayner, "Making and Correcting Errors During Sentence Comprehension: Eye Movements in the Analysis of Structurally Ambiguous Sentences", *Cognitive Psychology*, No. 14, 1982, pp. 178 – 210.

[107] L. Frazier, "Sentence Processing: Review", In M. Coltheart (ed.), Attention and Performance, *The Psychology of Reading*, Hillsdale. NJ: Erlbaum, Vol. XII, 1987, pp. 559 – 586.

[108] L. McMahon, "Grammatical Analysis as Part of Understanding a Sentence", Unpublished doctoral dissertation, Harvard University, 1963.

[109] L. Roberts, *Syntactic Processing in Learners of English*, Unpublished PhD Dissertation, University of Essex, Colchester, 2003.

[110] L. Roberts, T. Marinis, C. Felser, and H. Clahsen, "Antecedent Priming at Trace Positions in Children's Sentence Processing", *Journal of Psycholinguistic Research*, No. 35, 2006, pp. 175 – 188.

[111] L. R. Squire, and S. M. Zola, "Structure and Function of Declarative and Nondeclarative Memory Systems", *Proceedings of*

the *National Academy of Science of the United States of America*, No. 93, 1996, pp. 13515 – 13522.

[112] L. Stowe, "Parsing *WH*-Constructions: Evidence for Online Gap Location", *Language and Cognitive Processes*, No. 1, 1986, pp. 227 – 245.

[113] L. White, "The Pro-Drop Parameter in Adult Second Language Acquisition", *Language Learning*, No. 35, 1985, pp. 47 – 62.

[114] L. White, *Second Language Acquisition and Universal Grammar*, New York: CUP, 2003.

[115] L. White, "Second Language Competence VS. Second Language Performance: UG or Processing Strategies?", In Eubank, L. (ed.), *Point Counterpoint: Universal Grammar in the Second Language*, Amsterdam: John Benjamins, 1991, pp. 167 – 89.

[116] M. Carreiras, and C. Clifton, "Another Word on Parsing Relative Clauses: Eye Tracking Evidence from Spanish and English", *Memory and Cognition*, No. 27, 1999, pp. 826 – 833.

[117] M. Carreiras, and C. Clifton, "Relative Clause Interpretation Preferences in Spanish and English", *Language and Speech*, No. 36, 1993, pp. 353 – 372.

[118] M. C. MacDonald (ed.), *Lexical Representations and Sentence Processing*, Hove: Psychology Press, 1997.

[119] M. De Vincenzi, "Filler-Gap Dependencies in a Null-Subject Language: Referential and Nonreferential WHs", *Journal of Psycholinguistic Research*, No. 20, 1991, pp. 197 – 213.

[120] M. Harrington, "Processing Transfer: Language-Specific Processing Strategies as a Source of Interlanguage Variation", *Ap-

plied *Psycholinguistics*, No. 8, 1987, pp. 351 – 377.

[121] M. Harrington, "Sentence Processing", In P. Robinson (ed.), *Cognition and Second Language Instruction*, Cambridge: CUP, 2001, pp. 91 – 124.

[122] M. J. Pickering, "Direct Association and Sentence Processing: A Reply to Gorrell and to Gibson and Hickok", *Language and Cognitive Processes*, No. 8, 1993, pp. 163 – 196.

[123] M. J. Pickering, "Processing Local and Unbounded Dependencies: A Unified Account", *Journal of Psycholinguistic Research*, No. 23, 1994, pp. 323 – 352.

[124] M. Just, P. Carpenter, and J. Woolley, "Paradigms and Processes in Reading Comprehension", *Journal of Experimental Psychology: General*, No. 111, 1982, pp. 228 – 238.

[125] M. K. Tanenhaus, and J. C. Rueswell, "Sentence Comprehension", In J. L. Miller & P. D. Eimas (eds.), *Speech, Language and Communication*, San Diego, CA: Academic Press, 1995, pp. 217 – 262.

[126] M. Paradis, *A Neurolinguistic Theory of Bilingualism*, Amsterdam: John Benjamins, 2004.

[127] M. Paradis, "Neurolinguistic Aspects of Implicit and Explicit Memory: Implications for Bilingualism and SLA", In N. Ellis (ed.), *Implicit and Explicit Language Learning*, London: Academic Press, 1994, pp. 393 – 419.

[128] M. Paradis, "The Cognitive Neuropsychology of Bilingualism", In A. De Groot & J. Kroll (eds.), *Tutorials in Bilingualism: Psycholinguistic Perspectives*, Mahwah, NJ: Erbaum, 1997, pp. 31 – 354.

[129] M. Pickering, and G. Barry, "Sentence Processing Without

Empty Categories", *Language and Cognitive Processes*, No. 6, 1991, pp. 229 – 259.

[130] M. R. Manzini, *Locality: A Theory and Some of its Empirical Consequences*, Cambridge, MA: MIT Press, 1992.

[131] M. Sharwood-Smith, "Input Enhancement in Instructed SLA: Theoretical Bases", *Studies in Second Language Acquisition*, No. 15, 1993, pp. 165 – 179.

[132] M. S. Walenski, *Relating Parsers and Grammars: On the Structure and Real-Time Comprehension of English Infinitival Complements*, Unpublished PhD Dissertation. University of California, San Diego, 2002.

[133] M. Ullman, "Contributions of Memory Circuits to Language: The Declarative/Procedural Model", *Cognition*, No. 92, 2004, pp. 231 – 270.

[134] M. Ullman, "The Declarative/Procedural Model and the Shallow Structure Hypothesis", *Applied Psycholinguistics*, No. 27, 2006, pp. 97 – 105.

[135] M. Ullman, "The Neural Basis of Lexicon and Grammar in First and Second Language: The Declarative/Procedural Model", *Bilingualism: Language and Cognition*, No. 4, 2001, pp. 105 – 122.

[136] M. W. Lee, "Another Look at the Role of Empty Categories in Sentence Processing (and Grammar)", *Journal of Psycholinguistic Research*, No. 33, 2004, pp. 51 – 73.

[137] N. C. Ellis, "Frequency Effects and Language Processing: Investigating Formulaic Use and Input in Future Expression", *Studies in Second Language Acquisition*, No. 24, 2002, pp. 143 – 188.

[138] N. Chomsky, "A Minimalist Program for Linguistic Theory", In Hale, Kenneth L. and S. Jay Keyser (eds.), *The View from Building 20: Essays in Linguistics in Honor of Sylvain Bromberger*, Cambridge, Massachusetts: MIT Press, 1993, pp. 1 – 52.

[139] N. Chomsky, *Aspects of the Theory of Syntax*, Cambridge, MA: MIT Press, 1965.

[140] N. Chomsky, "Barriers", *Linguistic Inquiry Monograph 13*, MIT Press, 1986.

[141] N. Chomsky, "Deep Structure, Surface Structure, and Semantic Interpretation", *Semantics* (eds.), D. D. Steinberg and L. A. Jakobovits, Cambridge: CUP, 1971.

[142] N. Chomsky, *Language and Mind*, New York: Harcourt Brace Jovanovich, 1972.

[143] N. Chomsky, *Lectures on Government and Binding*, Dordrecht, The Netherlands: Foris, 1981.

[144] N. Chomsky, *Lectures on Government and Binding: The Pisa Lectures*, Mouton de Gruyter, 1981.

[145] N. Chomsky, "Minimalist Inquiries: The Framework", In *Step by Step: Essays on Minimalist Syntax in Honor of Howard Lasnik* (eds.), Roger Martin, David Michaels, and Juan Uriagereka, Cambridge, Massachusetts: MIT Press, 2000, pp. 89 – 155.

[146] N. Chomsky, "On *WH*-movement", In PW. Culicover, T. Wasow & A. Akmajian (eds.), *Formal Syntax*, New York: Academic Press, 1977, pp. 71 – 132.

[147] N. Chomsky, "Some Concepts and Consequences of the Theory of Government and Binding", *Linguistic Inquiry Monograph 6*,

MIT Press, 1982.

[148] N. Chomsky, *Syntactic Structures*, The Hague: Mouton, 1957.

[149] N. Chomsky, *The Minimalist Program*, Cambridge, Massachusetts: MIT Press, 1995.

[150] N. Duffield, "How Do You Like Your Doughnuts?" *Applied Psycholinguistics*, No. 27, 2006, p. 56.

[151] P. Dussias, "Syntactic Ambiguity Resolutionin Second Language Learners: Some Effects of Bilinguality on L1 and L2 Processing Strategies", *Studies in Second Language Acquisition*, No. 25, 2003, pp. 529 – 557.

[152] P. Gorrell, *Syntax and Parsing*, Cambridge: CUP, 1995.

[153] R. Berwick, and A. Weinberg, *The Grammatical Basis of Linguistic Performance: Language Use and Acquisition*. Cambridge: MIT Press, 1984.

[154] R. Jackendoff, and P. Culicover, "A Reconsideration of Dative Movement", *Foundations of Language*, No. 7, 1971, pp. 392 – 412.

[155] R. Palmberg, "Paterns of Vocabulary Development in Foreign-Language Learners", *Studies in Second Language Acquisition*, No. 9, 1987, pp. 201 – 219.

[156] R. Scarcella, "Discourse Accent in Second Language Performance", In S. Gass & L. Selinker (eds.), *Language Transfer in Language Learning*, Rowley, MA: Newbury House, 1983, pp. 157 – 176.

[157] S. Carroll, *Input and Evidence: The Raw Material of Second Language Acquisition*, Amsterdam: John Benjamins, 2001.

[158] S. D. Krashen, and T. D. Terrell, *The Natural Approach: Language Acquisition in the Classroom* (PDF), New York: Pren-

tice-Hall, 1983.

[159] S. D. Krashen, *Principles and Practice in Second Language Acquisition* (PDF), Oxford: Pergamon, 1982.

[160] S. D. Krashen, *Second Language Acquisition and Second Language Learning* (PDF), Oxford: Pergamon, 1981.

[161] S. D. Krashen, *The Input Hypothesis: Issues and Implications*, New York: Longman, 1985.

[162] S. Gass, "An Investigation of Syntactic Transfer in Adult L2 Learners", In R. Scarcella & S. Krashen (eds.), *Research in Second Language Acquisition*, Rowley, MA: Newbury, 1980.

[163] S. Gass, "The Resolution of Conflicts Among Competing Systems: A Bidirectional Perspective", *Applied Psycholinguistics*, No. 8, 1987, pp. 329 – 350.

[164] S. Lago, A. Stutter Garcia, and C. Felser, "The Role of Native and Non-Native Grammars in the Comprehension of Possessive Pronouns", *Second Language Research*, No. 35 (3), 2019, pp. 319 – 349 (https://doi.org/10.1177/0267658318770491).

[165] S. M. Gass, *Input and Interaction in Second Language Acquisition*, Mahwah, NJ: Erlbaum, 1997.

[166] Su, I-RU, "Transfer of Sentence Processing Strategies: A Comparison of L2 Learners of Chinese and English", *Applied Psycholinguistics*, No. 22, 2001, pp. 83 – 112.

[167] T. Cadierno, "Formal Instruction from a Processing Prospective: An Investigation into the Spanish Past Tense", *Modern Language Journal*, No. 79, 1995, pp. 179 – 193.

[168] T. G. Bever, and B. McElree, "Empty Categories Access their

Antecedents During Comprehension", *Linguistic Inquiry*, No. 19, 1988, pp. 35 – 43.

[169] T. G. Bever, J. A. Fodor, M. F. Garrett, and J. Mehier, *Transformational Operations and Stimulus Complexity*, Unpublished manuscript, MIT, 1966.

[170] T. G. Bever, "The Cognitive Basis for Linguistic Structures", In R. Hayes (ed.), *Cognition and Language Development*, New York: Wiley & Sons, Inc, 1970, pp. 277 – 360.

[171] T. Marinis, L. Roberts, C. Felser, and H. Clahsen, "Gaps in Second Language Sentence Processing", *Studies in Second Language Acquisition*, No. 27, 2005, pp. 53 – 78.

[172] V. Valian, "Logical and Psychological Constraints on the Acquisition of Syntax", In L. Frazier & E. Williams (eds.), *Language Processing and Language Acquisition*, Dordrecht: Kluwer Academic, 1990.

[173] W. O'Grady, J. Archibald, M. Aronoff, and J. Rees-Miller, *Contemporary Linguistics: An Introduction*, 4th ed. Bedford/ St. Martin's, 2001.

[174] W. Wong, and K. Ito, "The Effects of Processing Instruction and Traditional Instruction on L2 Online Processing of the Causative Construction in French: An Eye-Tracking Study", *Studies in Second Language Acquisition*, No. 40 (2), 2018, pp. 241 – 268 (https://doi: 10.1017/S0272263117000274).

[175] W. Wong, "The Nature of Processing Instruction", In B. Van Patten (ed.), *Processing Instruction*, Mahwah, NJ: Erlbaum, 2004, pp. 33 – 63.

二　中文文献

［1］曹勇衡：《二语习得者句子空隙处理研究述评》，《外语教学理论与实践》2008年第4期。

［2］曹勇衡：《基于阅读时间的二语习得者句子空隙处理研究》，博士学位论文，上海交通大学，2009年。

［3］曹勇衡、俞理明：《英语长距离依赖结构"中间空隙效应"研究》，《现代外语》2009年第1期。

［4］曹勇衡：《语言迁移与二语习得：回顾、反思和研究述评》，《现代外语》2006年第4期。

［5］曹勇衡：《中国英语学习者主语填充效应研究》，《外语教学与研究》2010年第1期。

［6］常欣、王沛：《二语熟练度和语言间句法结构相似性对中国学习者英语被动句加工过程的影响》，《外语教学与研究》2013年第2期。

［7］常欣、王沛：《晚期汉—英二语者英语被动句句法加工的ERP研究》，《心理学报》2013年第7期。

［8］常欣、王沛：《语义复杂度对二语者英语被动句加工的影响》，《心理科学》2014年第6期。

［9］常欣、徐璐娜、王沛：《二语熟练度和二语工作记忆容量对晚期英—汉二语者句法加工的影响：以主谓一致关系判断为例》，《外国语》2017年第3期。

［10］常欣、张国礼、王沛：《中国二语学习者英语句子加工的心理机制初探：以主动句为例》，《心理学报》2009年第6期。

［11］常欣、朱黄华、王沛：《跨语言句法结构相似性对二语句法加工的影响》，《外语教学与研究》2014年第4期。

［12］龚少英：《第二语言句子加工的ERP研究》，《心理科学》

2010 年第 1 期。

［13］黄文红：《基于自定步速阅读实验的英语关系从句加工研究》，《外语电化教学》2013 年第 5 期。

［14］姜琳：《被动结构的跨语言启动及其机制》，《现代外语》2012 年第 1 期。

［15］雷蕾、王同顺：《双语句法表征——来自汉英不平衡双语者句法启动的证据》，《现代外语》2009 年第 2 期。

［16］李霄翔、黄嫣、季月：《中国英语学习者英语虚拟语气加工的 ERP 研究——以 it 引导的主语从句为例》，《外语教学与研究》2018 年第 4 期。

［17］林立红、胡春巧、于善志：《中国英语学习者动词语义加工与动词具身相对性关系实证研究》，《外语教学与研究》2019 年第 1 期。

［18］马志刚：《长距离疑问句/填充词—缺位构式的汉/英中介语终端状态研究》，《外语教学理论与实践》2012 年第 2 期。

［19］马志刚、王家明：《英语主、宾语型心理动词结构中约束共指的成人二语理解实证研究》，《外语教学与研究》2018 年第 6 期。

［20］马志刚：《英语长距离疑问句原型度和二语水平的交互效应研究》，《北京第二外国语学院学报》2012 年第 8 期。

［21］任虎林：《工作记忆容量大小对二语复句加工的影响研究》，《中国外语》2013 年第 2 期。

［22］任虎林、金朋荪：《工作记忆对中国英语学习者处理自嵌式英语复句的影响》，《外语教学与研究》2010 年第 2 期。

［23］王敏：《语言水平及任务类型对第二语言产出中结构启动的影响》，《现代外语》2009 年第 3 期。

［24］王启、屈黎娜：《二语交互中的结构启动与二语发展》，《外语教学与研究》2012 年第 6 期。

[25] 王彧：《从句子回忆和信息提取看双语双重编码理论》，《外语教学与研究》2019 年第 3 期。

[26] 夏赛辉、汪朋：《句法启动与二语复杂结构学习》，《现代外语》2017 年第 1 期。

[27] 徐浩、高彩凤：《跨语言构式启动中句法和语义的启动力研究》，《现代外语》2013 年第 1 期。

[28] 徐晓东、陆翊翊、匡欣怡、吴诗玉：《不同时间连词对中国英语学习者语用加工的影响》，《外语教学与研究》2019 年第 1 期。

[29] 杨雯琴、秦亚勋、李鑫鑫：《中国英语学习者句法层级构型信息的跨语言启动研究》，《外语教学与研究》2019 年第 2 期。

[30] 药盼盼、王瑞乐、陈宝国：《工作记忆容量对二语句子加工中动词偏好信息利用的影响》，《外语教学理论与实践》2013 年第 1 期。

[31] 张辉、卞京、王茜：《不同水平的中国英语学习者英语过去时加工机制的 ERP 研究》，《外语教学》2017 年第 2 期。

[32] 张晓鹏：《中国学生英语句子加工中的句法—语义相互作用——来自语缺和生命性线索加工的证据》，《现代外语》2012 年第 2 期。

[33] 赵晨：《二语句法表征中的范畴化：来自结构启动的证据》，《外语教学与研究》2014 年第 2 期。

[34] 赵晨：《二语暂时歧义句在线加工中的动词事件结构效应》，《外语教学与研究》2018 年第 3 期。

[35] 赵晨、姜申君：《二语句子产出中概念结构对句法启动的调节作用》，《外语教学与研究》2019 年第 3 期。

[36] 郑伟、周统权：《中国英语学习者宾语关系从句与同位语从句加工研究》，《外语教学》2018 年第 5 期。

[37] 周正钟:《加工水平与工作记忆容量对二语语块习得的影响——对"加工资源分配模型(TOPRA)"的考察》,《北京第二外国语学院学报》2013年第10期。